한국유아교육학회
유아교육
디딤돌시리즈
4

마음의 문을 열고 관계로 들어가는 아이
: 사회 · 정서 유능감

지성애 박희숙 이승하 조유진 지음

양서원

「유아교육 디딤돌 시리즈」를 출간하며

사단법인 한국유아교육학회는 1975년 우리나라 유아교육분야에서 최초로 창립된 학회로 유아교육학의 학문적 연구와 현장교육의 발전을 위해 중요한 역할을 수행해 왔습니다. 한국유아교육학회는 창립 이후 지금까지 정기적인 국내외 학술대회 개최와 국내 및 국제학회지 발간을 통해 회원들 간의 학술적 교류와 소통에 힘쓰고 있습니다. 유아교육의 학문적 정체성 정립을 위해 1995년부터 5년 단위로 '유아교육백서'를 발간해 왔으며, 1996년에는 유아교육학 분야 용어의 학술적 정의를 규정하는 '유아교육 용어사전'을 발간한 바 있습니다. 특히 한국유아교육학회가 그동안 지속적으로 발간해왔던 '유아교육백서'는 우리나라 유아교육분야의 기초 동향은 물론 교육과정과 교사교육, 유아교육재정과 행정, 법률 등의 내용과 그 의미를 분석함으로써 유아교육학 분야의 연구를 위한 중요한 자료가 될 뿐 아니라 정책수립의 기초가 되었습니다. 그러나 최근에는 유아교육학 분야와 관련된 통계나 기초자료에 대한 데이터베이스의 구축으로 인해 그동안 우리 학회가 발간해 왔던 유아교육백서의 내용과 형식에도 변화가 필요하게 되었습니다.

이에 한국유아교육학회는 그동안 출판해왔던 '유아교육백서'의 내용을 다양화하여 유아교육학 분야에서 중요한 개념이나 현상 또는 과제와 관련된 학문적 탐구를 심화시키면서도 현장 실제와의 연계방안을 제시하고자 합니다. 또한 형식 면에서도 여러 주제를 하나의 단행본에 담았던 것에서 나아가 주제별로 심화된 전문서적인 '유아교육 디딤돌 시리즈'로 출판하고자 합니다. 유아교육학의 기초가 되는 주요 개념이나 용어에 대한 기본적이면서도 학술적인 탐색이므로 이 서적의 내용이 바로 유아교육학 이해의 기초가 되며, 디딤돌이 된다는 의미에서 '유아교육 디딤돌 시리즈'로 이름 짓게 되었습니다. 앞으로 한국유아교육학회에서 유아교육 디딤돌 시리즈로 출판하고자 하는 주제는 수없이 많습니다. 기질, 민감성, 상호작용, 상상놀이, 문제행동, 유아중심, 부모, 교사, 우리 전통문화 등과 같은 주제는 우리 학문분야에서 중요하고 익숙하면서도 정리가 필요한 개념이기도 하고, 현장 교육 실제와의 연계가 필요한 것이기도 합니다.

이와 같은 작업의 일환으로 한국유아교육학회는 '마음의 문을 열고 관계로 들어가는 아이: 사회 · 정서 유능감'을 출판하게 되었습니다. 이 책은 사회 · 정서 유능감의 개념과 요인, 사회 · 정서 유능감의 핵심개념 비교 및 측정 · 분석 단위의 수준, 사회 · 정서 유능감이 뛰어난 아이들의 특징, 그리고 상호작용 속에서 찾은 유아의 사회 · 정서 유능감에 대한 내용을 담고 있습니다. 이번 디딤돌 시리즈를 집필하며 저자(지성애, 박희숙, 이승하, 조유진)들은 주제 연구와 원고작성, 토론의 과정을 반복하며 의미 있는 결과물을 만들어내기 위해 무수한 숙고의 과정을 거쳤습니다.

온전하게 한 주제에 천착한 연구물을 모은 '유아교육 디딤돌 시리즈'는 대학이나 대학원에서 유아교육을 공부하는 후학들에게는 물론 많은 연구자와 현장 전문가들에게도 도움을 줄 것으로 기대합니다. 이후에도 학회에서는 학회 회원 여러분들을 대상으로 한 과제 공모를 통해 계속해서 많은 주제를 발굴하고 논의를 심화시켜 디딤돌 시리즈를 지속적으로 출판할 것입니다. 마지막으로 이 책 시리즈를 기획하는 과정에서 노고를 아끼지 않았던 사단법인 한국유아교육학회 기획부의 노고에 감사드립니다. 아울러 한국유아교육학회의 연구물 발행을 위해 모든 노력을 아끼지 않고 도움을 주신 박철용 회장님과 양서원에도 감사드립니다.

2020년 봄
22대 사단법인 한국유아교육학회
회장 김 경 철

차 례

CHAPTER 3

사회 · 정서 유능감이 뛰어난 유아들은 또 무엇이 빛날까?

CHAPTER 4

상호작용 속에서 찾은 유아의 사회 · 정서 유능감

머리말

'모든 일의 시작은 관계에서부터'

타인과 관계를 맺는 능력은 인간이 사회에 적응하여 살아가는 데 가장 기본이 되며, 필수적인 능력이다. 타인과 관계맺기가 제대로 되지 않을 때, 삶의 안정성은 현저히 떨어진다. 타인과 관계를 잘 맺으려면 우선 자신과의 관계맺기를 잘 이루어내야 한다.

자신의 마음을 제대로 인식하지 못하거나, 친구가 자신의 뜻을 따라주지 않아 어려움을 겪는 유아들을 어떻게 도와줄 수 있을까? 본 서는 '마음의 문을 열고 관계로 들어가는 아이: 사회 · 정서 유능감'이라는 제목을 붙였다. 자신의 마음을 인식하고, 타인의 마음을 이해해야만 관계를 맺고 유지할 수 있기 때문이다. 지극히 단순한 것 같지만, 이것이 이루어지는 과정은 절대 단순치 않다. 타인과 원만한 관계를 맺고, 이를 유지하기 위해서는 상대의 마음을 알아야 하고, 상대의 마음을 알기 위해서는 자신의 마음을 알아야 한다. 자신의 마음을 아는 것은 자신을 인식하는 데서 출발하며, 이는 영유아기 사회·정서 발달을 비롯한 인지, 신체 발달영역에서도 가장 기초가 된다. 여기서 마음이란 정서적 상태와 의도를 모두 포함하는 것으로, 정서적·인지적 요인이 모두 포함된다고 할 수 있다. 이는 영유아기에 성취해 가야 할 굉장히 복잡하고 어려운 과업이기도 하다.

본 서는 4장으로 구성되어 있다. 1장은 사회·정서 유능감의 개념을 다루며, 그간의 사회·정서 유능감에 대한 방대한 이론을 정리한다. 사회·정서 유능감의 개념을 바라보는 방식은 일관되거나 통일되지 않는다. 이를 연구자의 입장에서 찬찬히 살펴볼 수 있게 설명함으로써, 2, 3, 4장에서 나오게 될 논의의 기틀을 다진다. 2장은 1장에서 한 발짝 더 나아가, 서로 다른 개념적 접근을 비교하고, 우리가 헷갈려하는 사회·정서 유능감과 관련한 용어 등을 비교한다. 더불어 유아교육분야에서 각 접근법에 따라 어떠한 사회·정서 유능감이 연구되어 왔는지 사회적 기술, 또래관계, 집단의 수준에서 살펴본다. 3장은 사회·정서 유능감과 여타 관련변인과의 연관성에 관한 방대한 양의 연구들을 정리하였다. 사회·정서 유능감이 좋은 아이들이 과연 학교 공부를 잘하는지, 언어능력이나 다른 지적 능력도 뛰어난지, 우리가 평소 가지고 있었던 사회성과 관련한 막연한 생각들이 연구를 통해 어떻게 드러났는지 제시한다. 마지막 4장은, 유아교육현장에서 유아의 사회 · 정서 유능감 발달을 돕기 위한 교사의 지원방법을 제안한다. 유아의 정서표현 및 정서조절 지원방법, 또래 간의 사회적 기술 증진방법을 구체적으로 제시한다. 특히, 유아가 이해하기 쉽도록, 자신의 마음을 은유적인 방법을 통해 상대방에게 표현하는 방법을 제안한다. 부록에는 참고가 될 만한 사회 · 정서 유능감과 관련한 외국 프로그램을 소개하였다.

본 서는 유아의 사회 · 정서 유능감에 관심 있는 대학원생, 그 외 연구자뿐 아니라 현장교사들을 위한 책이다. 사회 · 정서 유능감에 관한 심화된 이론, 연구분야, 유아의 사회 · 정서 유능감 지원방법 등에 대해 궁금하다면 도움이 될 것이다.

부족한 원고를 오랜 시간을 기다려 주신 양서원 대표님 및 관계자분들, 한국유아교육학회장님 및 여러 관계자분들께 송구스럽고 감사한 마음을 드린다.

사회 · 정서 유능감이란?:

CHAPTER 1

개념과 구성요소

사회 · 정서 유능감이란?: 개념과 구성요소

여는 글

"선생님 말씀 잘 듣고 친구들이랑 사이좋게 놀다 와."

학교 가는 아침, 이 말을 듣지 않은 사람은 없을 것이다. 유치원/어린이집에 보내는 부모의 마음은 모두 이와 비슷하다. 유아기의 가장 중요한 발달과업은 가정을 벗어나 더 넓은 사회적 맥락에서 '규율을 준수하고(선생님 말씀 잘 듣고), 다른 사람과 잘 어울리는(친구들이랑 사이좋게 노는)' 능력을 발달시키는 일이다. 그동안 수많은 연구를 통해서, 유아기는 사회 · 정서 유능감이 급격하게 발달하는 시기일 뿐만 아니라 이때의 사회 · 정서 유능감은 아동기 및 청소년기의 학업성취 및 학교적응(Izard, Trencostam, King, & Mostow, 2004), 언어, 인지, 신체발달 및 행동적 적응을 포함하는 전인발달과 관련된다는 점이 드러났다

(Havighurst, Wilson, Harley, Kehoe, Efron, & Prior, 2013).

유아의 사회 · 정서적 능력의 결함은 유아기뿐 아니라, 이후 또래관계에서의 어려움을 야기한다(Crick & Dodge, 1994; Lemerise, Fredstrom, Kelley, Bowersox, & Waford, 2006). 사회 · 정서 유능감이 높은 유아들은 또래와의 상호작용을 성공적으로 이끌 수 있으며, 긍정적인 또래관계는 성공적인 삶의 기반이 된다(Denham & Burton, 1996).

유아교육현장에서 제일 중요시하는 첫 번째 목표는 유아의 사회화(Socialization)라 할 수 있다(Morrison, 2012). Hyson(2004)은 그동안의 유아교육 프로그램들이 인지적 영역의 발달에 치중하여 왔음을 비판하고, 특히 오늘날의 유아들이 사회 · 정서 발달을 심각하게 침해받는 환경에서 자라고 있으며, 사회 · 정서적인 욕구를 채워주지 못해 문제가 발생하고 있는 상황에 대하여 염려를 표하였다. Morrison(2012) 역시 모든 유아교육 프로그램에서 적용되어야 할 프로그램의 필수 목표는 사회적 기술 획득, 대인 간 기술 획득, 그리고 자기 조절 및 개인 내적인 기술 획득이 되어야 한다고 주장하였다. 이는 사회 · 정서 유능감의 함양이 유아교육에서도 필수적인 목표로 포함되어야 함을 보여주는 것이다. 본 장에서는 사회 · 정서 유능감의 개념을 세 가지 관점에서 살펴보고, 사회 · 정서 유능감을 구성하는 개념에 대해 알아보고자 한다.

사회 · 정서 유능감의 개념

사회 · 정서 유능감의 개념은 이전의 사회적 유능감에서 파생 · 발전되어 왔다. 1980년대까지 주로 사회적 지식과 이해, 사회적 기술, 사회적 성향 등을 강조하는 사회적 유능감(Katz & McClellan, 1997)에 관한 연구들로 이루어져 왔다. Zigler와 Trickett(1978)은 사회적 유능감이란 개인 내 그리고 개인 간의 측면을 다루는 영역으로 개인이 환경에 대처하면서 적응할 수 있는 능력, 문제를 인식하는 능력이라고 하였으며, Sarason(1981)은 타인과의 상호보완적인 상호작용을 할 수 있는 기술과 그러한 기술을 상황에 적합하게 활용하는 능력이라 하였다. 또한 Cegala와 동료들(1982)은 사회적 관계를 맺는 사람과 효율적으로 상호작용하며 대인관계를 맺는 능력으로 사회적 유능감을 정의하고 있다. 종합하면, 사회 · 정서 유능감은 대인 간 상호작용능력으로 개인 내 혹은 개인 간에 존재하는 능력이라고 볼 수 있다.

유아의 사회적 유능감 관련 연구들을 종합적으로 분석한 O'Malley(1977)는 사회적 유능감을 3가지 접근 방법으로 설명하고 있다(하영례, 2009).

첫째, 동물행동학적 관점(Ethology)에서 사회적 유능감은 환경의 적응과정으로 보았다. 이 관점에서는 먼저, 인간은 생존을 위해서 그 상황과 환경에 적합한 행동을 형성하며, 환경에 적응해 간다는 점을 전제로 한다. 이 관점은 사회적 유능감의 효율성을 중시하며, 개인의 환경에 대한 효율적인 대처능력이나 문제인식능력, 문제해결능력으로 사회적 유능감을 개념화한다. 대표적 학자인 Zigler와 Trickett(1978)은 사회적 유능감을 개인 내적인 측면과 개인 간의 측면이 만나는 것으로, 개인이 환경에 효율적으로 대처할 수 있고, 문제를 인식할 수 있는 능력이라고 보았다.

둘째, 성격 구조적 관점(Structure of personality)에서 사회적 유능감은 긍정적 또는 부정적 속성을 내포하고 있는 개인의 특질이나 성향을 의미한다. 이러한 속성에는 애정, 외향성, 접근성 등과 같은 긍정적 성향뿐 아니라 적대감, 복종, 내향성, 회피성과 같은 부정적 성향이 포함된다. 긍정적 속성이 많이 나타나는 경우 사회 · 정서 유능감이 높다고 할 수 있으며 부정적 속성이 두드러지는 경우 그 반대라 할 수 있다. 대표적인 학자로 Baumrind(1973)는 협동성, 책임감, 선호도, 자기주장, 성취지향성 등을 사회적 유능감으로 보았다. 더 구체적으로, Kohn과 Rosman(1972)은 개인적 특질이나 성향의 습득에 있어 긍정적 · 부정적 속성의 소유 정도를 사회 · 정서 유능감으로 보았다. 예를 들어, 사회적 유능감이 높은 유아는 관심, 호기심, 자기결정력이 발달되어 있으며, 교실규칙을 지키고 교사의 요구를 수용하는 등의 긍정적인 특성이 있는 반면 사회적 유능감이 낮은 유아는 다른 유아들에 대한 관심이 적거나, 또래의 활동을 방해하고, 교사에게 반항하는 부정적인 특성을 보인다.

셋째, 상호작용론적 관점(Social interaction)에서 보면, 사회적 유능감은 인간이 환경과 상호작용하는 능력으로 자신이 속한 사회적 환경 내에서 적절한 기술을 사용하여 필요한 사회적 목표를 이루어나갈 수 있는 능력을 말한다. Katz와 McClellan(1997)은 사회적 유능감을 또래 · 성인과 만족스러운, 호혜를 시작하고 유지하는 개인의 능력에 초점을 맞춰 설명하고 있다. 사회적 유능감은 성인이나 또래와의 상호작용에 참여하며 이러한 상호작용을 통해서 자신의 능력을 더욱 발달시켜 간다고 보았다. 이 관점에서는 사회적 기술뿐 아니라 인지적 · 정서적 영역을 포함하는 포괄적인 능력으로 사회적 유능감을 정의한다. 사회적 유능감이란 자신이 속한 사회적 규준을 이해하여 자신의 정서와 행동을 조절하고, 타인과 원만한 관계를 유지하는 데 필요한 통합적인 능력이라 할 수 있다(이혜원, 2005).

1980년대 이후 정서의 중요성이 부각되면서 사회적 유능감에 정서 요인을 포함한 사회 · 정서 유능감에 관한 논의가 활발히 이루어졌다(Saarni, 1999). 이는 사회적 기술과 행동을 수행하기 위해서는 자신의 정서를 인식하거나 조절하고 적합하게 표현할 수 있는 정서능력이 필수적으로 요구된다는 측면에서 정서의 중요성이 강조되었기 때문이다.

Semrud-Clikerman(2007)도 사회적 유능감은 정서적 유능감에 대한 공통된 부분을 가지고 있으며, 두 개의 유능감은 일정 부분 일치한다고 보았다. 따라서 이들의 공통적인 견해는 사회적 유능감이 있어야 정서적 유능감을 가질 수 있으며 반대로 정서적 유능감이 있어야 사회적 유능감을 가질 수 있다는 것이다(하영례, 2009). 이에 따라 1990년대에 정서적 유능감의 개념이 등장하고 사회적 유능감과 정서적 유능감이 상호보완한다는 관점으로 변화하였으며 2000년대 들어 유아의 사회·정서 유능감을 사회적 유능감과 정서적 유능감을 포함하는 다각적인 능력으로 재개념화하고 있다(지성화, 2019).

이러한 추세에 맞추어 Denham과 Burton(2003)은 사회·정서 유능감의 구성요소로 정서표현, 정서이해 및 조절과 같은 개인 내적인 요소와 더불어 사회적 기술, 사회적 문제해결능력과 같은 외적인 요소를 제시하였다. Halberstadt, Denham 그리고 Dunsmore(2001)는 사회적 유능감과 정서적 유능감에 대한 선행연구 분석을 통하여 사회·정서 유능감은 정서적인 메시지 주기 및 받기, 정서 경험하기, 자기, 또래, 성인의 정서에 대한 지각 및 변별, 사회적 환경 속에서의 활동, 관리와 조절 등 상호 연관된 능력의 통합적인 측면이라고 설명하고 있다. Ashiabi(2000)는 유아의 사회·정서 유능감은 정서를 경험하고 적절하게 표현하는 능력, 또래의 정서를 이해하는 능력, 성공적인 사회적 상호작용을 위하여 자신의 정서를 조절하는 능력을 포함하여 정의하였다. 나아가 Denham, Bassett와 Zinsser(2012)는 사회·정서 유능감을 정서조절과 정서 지식으로 구분하였는데, 정서조절은 정서를 생산적인 방향으로 다루는 것(필요시에 정서를 인식, 정서를 모니터링, 정서를 완화하여 다양한 상황에 대처하도록 도움을 줄 수 있는 것)과 적절한 정서를 적합하게 표현하는 것이라 하였다. 정서는 다른 사람과의 상호작용을 이끄는 중요한 정보를 전달한다. 그러므로 정서적 지식은 다른 사람의 정서를 해석하는 기능과 관계되는데, 정서적 지식을 적용할 수 있는 유아는 또래의 기분이나 정서를 파악할 수 있으므로, 또래 상호작용에서 강점을 갖는다. 더불어 선행 연구들의 사회 · 정서 유능감에 관한 정의를 분석하고 사회 · 정서 유능감 프로그램을 개발한 하영례와 지성애(2009)는 사회 · 정서 유능감을 정서의 이해 및 표현, 자기조절, 그리고 사회적 지식 및 기술 등의 요소로 설명하고 있다.

이상에서의 유아 사회 · 정서 유능감의 다양한 개념 정의를 종합해 보았을 때 유아의 사회 · 정서 유능감은 정서적인 요소인 정서인식 및 이해, 정서표현, 정서조절과 사회성 발달 요소인 사회적 지식이해, 대인관계기술, 사회적 문제해결능력 등이 통합적으로 포함되는 개념이라고 볼 수 있다.

사회 · 정서 유능감의 요인

앞서 살펴본 바와 같이 유아의 사회 · 정서 유능감에는 다양한 요인들이 존재하고 있으며 사회적 유능감, 정서적 유능감과 관련한 요인들이 복합적으로 구성되어 있다. 또한, 유아의 사회 · 정서 유능감은 정서적인 혹은 사회적인 측면에서만 결정되는 것이 아니라, 인지적인 측면도 포함한다. 즉, 사회 · 정서 유능감은 정서, 사회, 인지 및 행동이 다각적으로 연계된 복잡한 체계다. 예를 들어, 정서유능감(Saarni, 1999)은 정서에 대한 인식 및 표현, 정서 확인, 상황적인 지식, 정서조절을 포함하는데, 이를 적절히 발휘하기 위해서는 주의, 억제 통제, 그리고 문제해결과 같은 인지적인 기술들이 요구된다(Blair, 2002). 또한 사회 · 정서 유능감의 구성요소 중 하나인 자기조절은 사회적인 문제 상황에서 다른 사람의 관점과 생각을 조망하는 능력을 포함하는 친사회적인 기술이 필수적이다(Domitrovich, Cortes, & Greenberg, 2007). 이러한 기술들의 결함은 내재적 및 외현화 행동문제들을 야기하며, 또래거부를 수반하게 된다(Schultz, Izard, & Ackerman, 2000). 그러므로 인지, 정서, 사회적 기술들의 성공적인 통합은 사회 · 정서 유능감을 증진시키기 위하여 필수적으로 요구된다(Halberstadt et al., 2001). 이 중 정서적 유능감에서는 정서인식 및 이해, 정서표현, 정서조절 등의 요인이 가장 보편적으로 강조되고 있으며, 사회적 유능감에서는 사회적 지식이해와 대인관계기술, 사회적 문제해결 등이 중요한 구성요인으로 제시되고 있다. 선행연구자들의 사회 · 정서적 유능감 관련 구안은 다음의 **표 1-1** 에 제시하였다.

표 1-1 유아의 사회 · 정서적 유능감 관련 구성요소

	연구자	연도	정서적 유능감			사회적 유능감			그외
			정서 인식 및 이해	정서 표현	정서 조절	사회적 지식 이해	대인 관계 기술	사회적 문제 해결	
국외	McGinnis 외	1990			○		○		○
	Goleman	1995			○	○		○	○
	Elias	1997	○	○		○			
	Katz 외	1997			○	○		○	
	McCabe	1998	○			○			○
	Saarni	1999	○		○			○	○
	Halberstadt 외	2001	○		○	○			
	Denham	2006	○	○	○		○	○	
	Ashiabi	2007	○	○	○	○			
	Domitrovich 외	2007	○			○			○
	Merrell	2011	○	○	○				
국내	이태영	2000			○	○			
	김영옥	2003			○	○	○		
	이혜원	2005	○		○	○	○		
	이미아	2008		○	○	○			○
	하영례	2009	○ ○	○	○	○	○		
	김성현	2015			○		○	○	

출처: 지성화(2019)에 근거하여 재구성.

유아의 사회 · 정서 유능감의 관련 요소들을 세부적으로 살펴보면 다음과 같다.

정서인식 및 이해

유아의 정서적 유능감은 자신의 정서를 인식하고 이해하는 것에서 시작된다(Carpendale & Lewis, 2004; Denham & Burton, 2003; Hyson, 2004; Kostelink, Whiren, Soderman, & Gregory, 2009). Denham(1998)에 따르면, 정서인식 및 이해는 정서가 담긴 언어를 사용하고 자신과 타인의 정서에 대해 인식하는 능력, 상황에 적절한 감정적 표현에 적응하는 능력을 포함한다. Schwartz와 Trabasso(1984)는 정서인식 및 이해에 대해 정서가 발생하는 상황을 아는 것, 정서의 원인이 되는 내적 상태와 내적 상태의 변화를 아는 것, 그리고 외적인 사건과 행동을 이해하는 것이라 하였다.

유아는 세상이 어떻게 작용하는지 이해를 한 이후(사회적 이해), 자신의 의지를 사회적 행동으로 표출하게 된다. 이러한 사회적 이해는 자기 자신에 대한 이해로부터 시작된다(Carpendale & Lewis, 2004). 자신에 대한 이해는 사회적 상호작용의 기반이 되며, 자신이 시도하는 사회적 상호작용이나 사회적 행동이 어떠한 결과를 가져올지 예측할 수 있게 한다. 자기를 이해하는 것은 자신의 정서를 인식하고 이해하는 것을 포함한다.

정서를 인식하는 가장 기본적인 방법은 얼굴, 목소리, 신체적 움직임과 같은 겉으로 드러나는 정서적 단서들을 인식하는 것이다(Crick & Dodge, 1994; Lemerise & Arsenio, 2000). 자신의 정서를 인식하고 이해하는 것은 타인의 정서를 이해하는 것을 돕고, 사회적 관계 형성에 영향을 미칠 수도 있다. 역으로, 타인의 정서를 이해하는 것은 자신의 정서에 영향을 미칠 수 있다(Lemerise & Arsenio, 2000). 예를 들면 다른 아이가 울고 있는 이유가 '엄마가 보고 싶어서'라고 이해했다면, 이 유아는 자신의 비슷했던 경험을 떠올리며 슬퍼질 수 있는 것이다.

유아가 자신의 정서를 인식하고 이해하는 능력은 또래집단 내의 여러 경험을 통해 더욱 발전하게 된다(Denham & Couchoud, 1990). 또래집단에서 타인의 정서를 인식하고 이해하는 데 어려움을 겪을 경우, 또래와 우정을 쌓고 유지하는 데 어려움을 겪는다(Denham & Couchoud, 1990; Miller, Gouley, Seifer, Zakriski, Eguia, & Vergnani, 2005; Nowicki & Mitchell, 1998). 만약 유아가 화가 난 정서인데 슬픔의 정서에 반응하는 방식으로 타인의 정서를 이해한다면 사회적 상호작용이 부자연스러워질 수 있다(이는 2장의 SIP모델을 통해 더 자세히 설명될 것이다). 일반적으로, 자신과 타인의 정서인식 및 이해의 시작은 행복한 상황을 이해하는 것에서 시작하며 점차 슬프고, 화나고, 두려운 상황을 이해할 수 있게 된다(Denham, 1998; Denham & Couchoud, 1990). 자신과 타인의 정서를 이해하는 것은 사회적 상호작용의 결과를 예측하고 자신이 원하는 행동을 이끌어 내는 데 유리하다. 그러므로 자신과 타인의 정서를 인식하고, 정서를 이해하는 능력이 높은 유아들은 정서이해를 못하는 유아들보다 자신의 정서를 적절하게 표현하고 정서적으로 긍정적인 행동을 하며, 덜 분노하고, 타인과의 갈등관계에 덜 노출된다(Arsenio, Cooperman, & Lover, 2000; Bohnert,

Crnic, & Lim, 2003; Cassidy, Werner, Rourke, Zubernis, & Balaraman, 2003; Garner & Estep, 2001; Maguire & Dunn, 1997). 결국, 정서인식 및 이해는 다양한 사회적 상호작용에서 발생하는 사건들을 평가하고, 적합한 행동을 동기화시키는 주요한 내적 감독 체계로서 유아의 사회 · 정서 유능감의 기반이 된다.

정서표현

정서표현능력은 출생 이후부터 지속적으로 발달한다(최연화, 2012). 많은 학자들이 정서표현은 얼굴표정뿐 아니라 모든 언어적 · 비언어적 정서표현(표정, 행동, 신체의 움직임 등)을 포함하는 것으로 보고 있다(조유진; 2018; Depaulo & Kirkendol, 1989; Halberstadt, Cassidy, Stifter, Parke, & Fox, 1995). 유아가 표현하는 정서는 크게 기쁨, 흥미와 같은 긍정적 정서와 슬픔, 화남, 두려움과 같은 부정적 정서로 구분된다(김은경, 도현심, 김민정, 2007). 긍정적 정서는 유아에게 안정된 느낌을 주고 다른 사람들과의 관계에 긍정적인 영향을 미치며 타인에게 쉽게 수용되는 반면, 부정적 정서는 유아에게 언짢은 느낌을 주고 또래관계에서 부정적인 영향을 미치며 또래에 의해 거부되기 쉽다(최연화, 2012).

정서표현은 행복, 슬픔 등으로 표현된 감정일 뿐만 아니라 감정의 적절성, 표현 정도, 표현 강도 등을 포함한다(Denham, 1998). 사회적 상호작용에 따라, 정서표현은 개별 사회적 상호작용을 촉진하거나 유지, 혹은 종결하는 데 활용될 수 있다.

긍정적 정서표현은 사회적 상호작용을 시작하고 유지하는 데 매우 효과적이며 이는 놀이를 통해 증진될 수 있다. 긍정적 정서표현을 공유하면 우정을 촉진할 수 있으며 또래 간 호감을 더욱 고조시킬 수 있다(조유진, 2018). 김희연(2001)은 유아는 놀이를 하면서 흥미와 관심을 가장 많이 보이며 놀이 중에 표현하는 정서는 긍정적인 정서(예: 기쁨, 흥미 등)가 90% 이상을 차지하고 있어 놀이를 특징짓는 요소로 볼 수 있다고 하였다. 이러한 결과는 유아가 정서적 경험을 표현할 수 있는 기회가 놀이를 통해 많이 이루어져야 함을 시사한다.

이와 반대로 분노와 같은 부정적 정서는 사회적 상호작용 속에서 어려움을 야기할 수 있다(Beisly, 2011). 부정적인 정서표현을 자주 하는 유아는 또래 간의 상호작용이 원만하지 못하며 화를 잘 내는 유아는 공격적이고 또래에게 수용되지 못한다는 연구 결과들이 있다(최연화, 2012). 결과적으로 부정적인 정서표현을 지속하는 유아들은 부정적인 사회적 경험을 경험하고 긍정적인 정서표현 방법에 대해 배울 기회가 줄어들게 된다. 반면, 긍정적인 정서를 잘 표현하는 유아들은 친사회적 행동을 할 가능성이 높으며, 또래들과 즐거운 상호작용을 하거나 관계를 지속시킨다고 밝혀졌다(지성애, 2019; Strayer, 1980). 유사하게 부정적인 정서보다 긍정적인 정서를 표현하고 경험하는 유아들은 교사에게 친사회성과 자존감 같은 영역에서 더 높은 평가를 받았고, 공격성이나 좌절 같은 영역에서 상대적으로 낮은 평가를 받았다. 이러한 유아들은 또래의 정서표현에 대해 친사회적으로 반응하며 또래들에게 더욱 호감을 주는 것으로 보인다(Denham & Burton, 2003).

그렇다면 언제나 부정적 정서를 표현하는 것은 나쁜 것일까? 전통적으로 부정적 정서는 정서발달에 방해가 되는 것으로 인식되어 왔다(Hyson, 2004). 하지만 최근에는 유아의 부정적 정서도 유아의 사회 · 정서 유능감 발달에 주요한 기여를 한다는 의견들이 제기되고 있다. 미국 Pixar에서 제작한 애니메이션 영화 '인사이드 아웃'을 보면 쉽게 이해할 수 있다. 이 영화에는 '기쁨이(Joy)', '슬픔이(Sadness)', '버럭이(Anger)', '소심이(Fear)', '까칠이(Disgust)' 등 여러 감정이 캐릭터로 등장한다. 이 감정들은 주인공 라일리(Riley)의 정서를 표현하기 위해 열심히 살아간다. 이 영화는 기쁨만 가득한 삶이 언제나 즐겁고 건강한 것은 아님을 보여주며, 슬픔을 극복하는 과정 또한 어려움을 이겨낼 수 있는 용기를 줄 수 있다는 점을 암시한다. 즉, 여러 감정들은 각자의 역할이 있으며, 그 역할에 충실할 때 균형 있는 정서 상태를 유지할 수 있음을 보여준다. 중요한 점은 긍정적 · 부정적 정서 자체가 좋거나 나쁜 것이 아니라, 각각의 정서를 사회적으로 적합한 방식, 적절한 정도로 표현하는 것이 정서적으로 건강하고, 사회적으로 유능하다고 볼 수 있다는 것이다. 결국, 자신의 정서를 효과적으로 표현하는 유아들은 성공적인 또래관계기술을 학습하고, 이를 통해 자신의 사회 · 정서 유능감을 지속적으로 발달시켜 나갈 수 있으며 이는 정서조절과도 깊은 관련이 있다.

정서조절

정서조절은 1980년대 이후부터 여러 학자들의 주요한 관심 영역이 되었다. 그러나 정서의 종류(기쁨, 슬픔, 화남 등), 상황, 인지적 · 행동적 · 체험적 요소 등이 관련된 매우 복잡한 과정으로, 명확하게 정의하기가 어려운 다차원적 개념으로 간주되어 왔다(Gross & John, 2003; Walden & Smith, 1997). 최근 들어 영유아기 정서조절은 또래와의 대인관계기술을 성공시키는 데 중요한 역할을 하고(Denham, 2006), 다양한 사회적 상황에 대한 적응행동과 연관이 있다는 주장을 바탕으로 활발하게 연구되고 있다(지성애, 2019; Eisenberg, Champion, & Ma, 2004).

유아의 정서조절은 또래관계에서 특히 필수적으로 요구된다(Berk, 2006). '화를 잘 내는 아이', '자주 우는 아이'와 같이 부정적 감정을 통제하는 데 어려움이 있는 유아는 또래와 안정적인 관계를 형성하는 데 어려움을 겪기 때문이다.

Kopp(1989)는 정서조절을 긍정적인 정서와 부정적인 정서에 대처하는 과정으로 보았으며, 긍정적인 정서와 부정적인 정서 간에 균형적인 조화를 이루는 것으로 정의하였다. 또한 Westen(1994)은 정서조절은 긍정적인 정서를 극대화하고 부정적인 정서를 최소화하기 위한 의식적 · 무의식적 과정으로 정의하였다. Thompson(1994)에 의하면 정서조절은 개인의 목적을 달성하기 위해 자신의 정서반응을 확인 · 평가하여 변화시키는 개인의 내적 과정으로 구성되며, 정서가 발생하는 상황에서 정서의 강도를 조절하고, 표현을 유지 및 중단하는 과정이라고 설명하고 있다(지성애, 2019; 지성화, 2019).

정서조절은 신경 생리학적 반응, 주의 처리, 감정적 단서의 부호화, 사회적 적응 또는 개인 목표를 달성하기 위한 적응 반응의 선택으로 구성된다(Valiente & Eisenberg, 2006). 또한 정서조절을 위해서는 행동의 활성화, 주의집중 및 계획이 필요한데 정서조절은 단순한 감정관리가 아니라, 노력이나 자발적인 통제를 통해 능동적으로 정서를 관리할 수 있는 능력을 포함하기 때문이다. 이러한 능력은 실망스러운 선물을 받았을 때도 불만을 표시하기보다는 선물을 준 사람에 대한 배려로 기쁨이나 감사를 표시하면서 자신의 감정을 잘 통제하고 조절하는 능력과도 관련된다(조유진, 2018).

현재 정서조절이 더욱 주목받고 있는 이유는 정서조절능력의 발달이 유아의 전인발달에 중요한 기능을 하기 때문이다. 효과적인 정서조절은 주변 정보에 주의를 기울이고 활동을 전환할 수 있는 신체적 · 정신적 능력을 제공하도록 도와줌으로써 정서와 행동의 조절을 도울 수 있다(Eisenberg, Sadovsky, & Spinrad, 2005). 이는 유아가 정서적으로 자극되는 상황에서 회피하거나 부정적인 정서의 경험에서 벗어나 극복을 위한 행동 전략을 찾는 것에 주의를 기울이는 것과 같을 수 있다. Landy(2006)와 지성애(2019)에 따르면, 정서조절능력이 높은 유아는 사회적 상호작용에서 적합하게 행동하고 갈등 상황에서도 적합한 문제해결능력이 나타나 궁극적으로 문제행동이 발현될 가능성이 낮다. 또한 정서조절능력이 높은 유아는 타인의 견해를 잘 수용하기 때문에 또래와 협동하고 적응적으로 상호작용하며 자신과 타인의 감정을 적합하게 구분하기 때문에 정서적 상황에서 보다 문제에 집중하여 문제를 해결할 수 있다(이혜원, 2005).

정서조절능력은 유아기를 거치면서 점진적으로 발달한다(Eisenberg, Cumberland, & Spinrad, 1998). 초기에는 부모나 교사의 지시나 안내에 의해 조절되다가(외적인 조절), 점차 지시가 없어도 스스로 조절하는 내적 조절로 발달하게 되는데 이 과정은 유아의 인지발달과 깊은 관련이 있다. 유아가 자신의 정서 상태를 인식하고, 이를 관리할 수 있는 인지적 능력을 차츰 갖추게 되면서 내적 조절이 가능해지는 것이다. 어린이집에서의 간식시간을 살펴보자. 친구들이 간식을 받을 때까지 자신의 간식을 먹지 않고 기다려야 할 때, 일부러 다른 즐거운 생각에 몰입한다든가, 관심을 다른 곳으로 돌린다든가, 간식접시를 이리저리 뱅뱅 돌리고 만지작거리는 행위들은 먹고 싶은 마음을 참으려고 하는 인지적 책략일 수 있다. 이러한 인지적 책략은 정서를 더욱 잘 조절할 수 있게 도우며, 나이가 들수록 더욱 발달하게 된다.

사회적 지식이해

사회적 지식은 자신과 타인을 구별하는 체제, 사람들의

느낌과 생각 그리고 의도를 추론하는 체제, 사회가 요구하고 있는 제도 · 관습을 이해하는 체제, 옳고 그름을 정의하는 규칙과 가치에 대해서 배우는 체제를 의미한다(진경금, 2014). Howes(2009)는 사회적 지식이해에 대해 유아가 속한 또래집단의 사회적 관습과 사회적 규준을 이해하는 것, 또래집단에서 필요한 문화나 규칙을 이해함으로써 또래문화와 사회에 긍정적으로 수용되는 능력으로 정의하였다. Katz와 McClellan(1997)은 사회적 지식이해란 또래집단에서 타인의 반응을 정확하게 인지하고 예견하는 능력과 타인이 겪는 감정을 이해하고 다른 사람이 무엇을 좋아하는지를 미리 생각할 수 있는 능력이라고 하였다.

일반적으로 유아기의 사회적 지식이해란, 유아교육기관에서 생활하면서 또래 간에 물건을 나누고, 차례를 지키며, 함께 사용하는 공간에서 준수해야 할 사회적 지식 등을 생활 속에서 자연스럽게 이해하는 능력이라 말할 수 있다(Rubin, Bukowski, Parker & Bowker, 2008). 사회적 지식이해는 앞서 설명된 정서인식, 정서표현, 정서조절 등과 관련한다. 또래의 정서적 반응을 통해 자신의 정서를 언제 표현하고 어떠한 감정을 드러내야 하는지, 어떤 행동을 해도 되고 어떤 행동은 하면 안 되는지에 대해 이해하게 되면서 사회적 지식이해가 발달하기 때문이다(Rubin et al., 2008).

유아는 직접적인 가르침에 의해서 혹은 주변 사람들의 행동을 관찰하면서 간접적으로 그 사회의 지식을 이해하고 배우게 된다(Copple & Bredekamp, 2009). 사회적 이해능력이 발달하면서 유아와 초등학교 저학년 아동은 친숙한 상황이나 자신이 이전에 경험했던 것과 비슷한 환경에서 더 잘 돕고 협동할 수 있게 된다(Kostelnik et al., 2009). 이에 사회적 이해능력이 높은 유아들은 이타적이고, 친사회적인 행동을 함으로써 또래들에게 수용을 받는다.

사회적 지식이해는 유아들의 또래집단마다 다르게 일어날 수 있다. 왜냐하면 각 또래집단은 서로 다른 규칙과 가치를 지니며, 그것을 추구하는 방식이 다를 수 있기 때문이다. 예를 들어, 어떤 또래집단에서는 경쟁을 성취를 위한 원동력으로 여겨 긍정적으로 생각하지만, 다른 집단에서는 경쟁을 서로를 소진시키는 것으로 여겨 협동에 더 높은 가치를 둘 수 있다(지성화, 2019). 이러한 사회적 지식과 관련된 신념과 가치는 유아를 어떻게 교육해야 하는지, 무엇을 배워야 하는지, 어떤 행동과 태도를 취해야 하는지 등 유아의 사회·정서적 유능감 발달에 영향을 준다(Berns, 2006). 김성현과 지성애(2015)는 Crick과 Dodge(1994)의 사회적 정보처리모델(SIP)에 입각하여 사회적 상황에서 적대적으로 상황을 해석하지 않고 사회적 규준에 따라서 적합하게 상황을 판별하는 능력이 유아의 사회·정서 유능감 향상에 핵심적으로 요구된다고 주장하고 있다.

사회적 지식이해는 사회적 문제상황을 파악하고, 대인관계 기술을 활용하여 이를 해결해내는 능력의 기반이 된다.

대인관계기술

유아가 만족스러운 사회적 상호작용을 하기 위해서는 갈등이 발생한 경우 합리적으로 해결할 수 있는 대인관계기술이 필요하며 이러한 기술은 사회 · 정서 유능감 형성에 어떤 요소보다 중요한 핵심이라고 볼 수 있다(이순형, 이강이, 성미영, 김지현, 민미희, 2004). 대인관계기술이란 용어는 1950년대부터 사용되기 시작하였다. Sullivan(1953)은 대인관계기술을 개인발달의 근원이 되는 것으로 보았으며, 사람은 대인관계를 통해 개인적 만족과 안정을 찾아 나간다고 하였다. Leary(1957)는 대인관계에서의 행동적 측면을 강조하였는데, 대인행동을 타인과 관련한 행동으로서 의식적이고 윤리적이며, 명백히 드러나는 것이라고 개념화하였다.

이후 1990년대부터는 대인관계기술과 관련된 용어가 체계화되기 시작했다. Montemayor(1994)는 대인관계기술에 대해 사람들이 정기적으로 접촉하여 관계를 맺으며 정서적 결속이나 연계를 맺어가는 능력으로 정의하였고, Bedell과 Lennox(1997)는 대인관계기술은 타인과 원만하고 긍정적인 관계를 지속하는 능력, 적절한 목표 지향적인 행동을 결정하는 능력, 타인과 좋은 관계를 유지하도록 언어적 · 비언어적 행동을 구사하는 능력으로 정의하였다. 최근에는 대인관계기술 능력에 대해 다른 사람의 감정을 공감하고 관계를 발전시키는 능력으로 설명하는 등 정서적인 측면까지 포함하고 있다(Harris & Graham, 2014).

종합하자면, 대인관계기술이란 사람들과 관계를 맺고 유지하는 데 동원되는 개인의 정서 · 행동능력을 포함한다고 볼 수 있다.

유아는 점차 가족 이외에 유아교육기관에서 또래와 보내는 시간이 점점 더 많아진다. 또래와 함께 있으면 즐겁고 애정과 위로를 제공받을 수 있다. 또래는 의무나 강요가 아니라, 자발적으로 서로를 원하기 때문에 서로를 동등하게 돌봐준다(지성화, 2019). 관계에 있어서 이러한 '선택적' 요인은 유아기의 사회 · 도덕적 발달에 매우 중요한 역할을 한다. 또래는 인지적 자극과 사회적 비교의 준거 집단으로서의 역할을 하기에 자신을 또래와 비교하여 바라볼 수 있게 해준다. 또한, 또래와 상호작용을 하면서 자신의 소유물과 능력을 비교하고 놀이 상황에 대해 토론하기도 하는데, 이때 의견을 제시하고 서로의 생각을 개방적으로 비판하기도 한다. 자신의 생각을 구체화하고 정교화하며 상대에게 피드백도 제공하는데, 이러한 또래로부터의 피드백은 상대가 자신의 생각이나 의견을 어떻게 바라보는지 알게 해주기 때문에 자기 인식을 향상시킨다(Harter, 2012). 이러한 또래 간 상호작용에는 대인관계기술이 깊숙이 관련된다. 대인관계기술이 좋다면 관계를 잘 맺고 유지하겠지만, 그렇지 못하다면, 또래관계가 원만치 못하게 되고, 결국 또래관계에서 배울 수 있는 사회적 기술들을 배우지 못하게 되므로 대인관계기술이 다시 나빠지는 악순환에 빠지게 된다.

유아들 사이에서 인기 있는 아이는 또래들에게 민감하고,

친절하고, 융통성이 있으며, 함께 있으면 재미있는 아이라 할 수 있다(Rubin et al., 2008). 특히 대인관계기술 능력이 높아 언어적 · 비언어적 의사소통을 얼마나 잘 하는지가 유아의 친구 선호도에 영향을 미친다(Hebert-Myers, Guttentag, Swank, Smith, & Landry, 2006). 결국, 유아의 사회 · 정서적 유능감을 증진시키기 위해 특정한 사회적 기술을 습득할 수 있도록 돕는 것이 필요하다.

유아의 대인관계기술은 현재의 사회적 기술을 정교화하고, 새로운 기술을 시도해보고, 개인의 욕구와 타인의 욕구를 균형 맞추는 것과 같은 어려운 과제를 연습하면서 발달한다(Rubin et al., 2008). 또한 대인관계기술은 유아들 간의 협동과 이타심과 같은 친사회적 기술을 발달시키고, 의견 불일치 상황에서도 의사소통, 갈등관리, 신뢰감 형성 및 유지와 같은 사회적 문제해결기술을 연습하는 과정과 연결된다(Siegler, DeLoache, & Eisenberg, 2003).

이에 유아의 사회 · 정서 유능감을 증진시키기 위한 프로그램들(김성현, 지성애, 2015; 지성애, 2019; 하영례, 지성애, 2009; Betkowski, 2010; Bierman, Domitrovich, Nix, Gest, Welsh, Greenberg, & Gill, 2008; Denham & Burton, 1996; Domitrovich et al., 2007; Shure, 2001; Squires & Bricker, 2007)은 유아들이 또래와의 놀이 혹은 활동 내에서 실제적으로 적용 가능한 대인관계기술을 익히고 이러한 기술을 효과적으로 내면화하는 것을 주요 목표로 선정하고 있으며 이와 같이 대인관계기술이 효과적으로 형성될 때 유아의 사회 · 정서 유능감이 안정적으로 발달할 수 있음을 주장하고 있다.

사회적 문제해결

유아의 사회 · 정서적 유능감을 효과적으로 촉진하기 위해서는, 유아가 자신의 유능감에 대하여 자신감을 갖고 이를 통해 자신의 성취를 이끌어 가는 경험을 제공해 주는 것이 중요하다(김성현, 지성애, 2015). 이를 위해서는 사회적인 상황에서 다양한 성공 경험이 필요하며 여러 갈등 상황을 효과적으로 해결할 수 있는 사회적 문제해결기술이 선행되어야 한다.

사회적 문제해결을 이해하기 위해서는 먼저 친사회적 행동에 대한 이해가 필요하다. 많은 학자들의 정의에 따르면, 친사회적 행동이란 반사회적인 행동에 상반되는 것으로 외적인 보상을 대하지 않고 타인을 위해 행하는 자발적인 행동이다(Bar-Tal, 1976; Macaulay & Berkowitz, 1970; Wispe, 1972).

친사회적 행동은 도와주기, 나누기, 희생하기, 협동하기, 격려해주기, 달래주기 등의 행동 등이 있다. 또한 친사회적 행동은 또래관계 혹은 놀이 상황에서 문제가 생겼을 때 다른 사람들을 도와주거나 이로움을 주는 형태의 자발적 행위로 문제해결의 기능을 하기도 한다(Hearron & Hildebrand, 2004).

Heppner, Reeder와 Larson(1983)은 사회적 문제해결을 일상생활에서 효과적인 대처방법을 확인하고 개선하려는 인지, 정서, 행동과정이라 정의하였다. D'Zurilla와 Nezu(1990)는 개인이 일상생활에서 발생하는 문제 상황에 대처할 수 있는 가장 효율적인 방법을 찾아내는 능력, 효율적인 방법을 파악하는 인지 · 정서적 행동과정이 사회적 문제해결이라고 정의하였다. 유아들은 유아교육기관에서 매일 같은 연령의 또래들 그리고 교사가 함께 생활하는 동안 크고 작은 다양한 문제 상황에 직면하고, 친사회적인 전략을 사용하여 당면하는 문제들을 적절하게 해결하려 시도한다. 이러한 과정에서 또래 간에 의견이 일치하지 않을 경우, 자신의 욕구를 만족시키면서도 의견 차이를 건설적으로 해결할 수 있도록 친사회적 행동 범주에 속하는 의견을 조율하거나 자신의 것을 나누는 방법을 사용하며 또래와의 관계를 지속시킬 수 있다(Rubin, Bukowski, & Laursen, 2011).

나아가 또래와 문제를 해결할 때 협상기술을 효과적으로 사용하는 유아는 사회적 문제해결능력이 높으며 이는 정확하게 의사소통을 하는 능력과 관련이 된다(Hebert-Myers et al., 2006). 문제를 성공적으로 해결하기 위해서는 갈등 당사자들이 문제의 원인에 대해 공통된 생각을 가지고 해결책에 대한 자신의 생각을 타인에게 표현할 수 있어야 한다(D'Zurilla & Nezu, 1982). 이에 유아의 평화로운 갈등해결 프로그램을 개발한 Sandy와 Boardrnan(2000)은 유아들이 사회적 문제 상황에서 다양한 해결방법을 탐색한 후 그것을 선택하여 모든 유아들이 갈등을 해결할 수 있도록 참여하는 경험이 유아의 정서 · 사회 발달을 증진시킬 수 있음을 밝혔다.

유아들이 다양한 사회적 문제 및 갈등 상황에 직면하고 또래와 함께 갈등을 해결하는 과정이 유아의 사회 · 정서적 유능감 발달과 깊은 관련이 있다는 점은 오래 전부터 여러 학자들이 주장해왔다. Erikson(1959)은 유아기 또래들 간에 갈등을 경험하고 해결하는 과정이 영유아 성격, 사회성 · 정서 발달에 중요하게 작용한다고 하였다. 또한 Piaget(1965)는 유아기의 또래들 간의 관계에서 갈등이 생길 수 있지만 서로의 생각을 자유롭게 교환하고 자신과 다른 사람의 의견을 비교하며, 타인에 대한 정서인식, 대인관계기술, 사회적 문제해결능력 등이 발달하게 된다고 하였다. 유아기에는 또래들 간에 다양한 사회적 문제를 친사회적 행동으로 해결해 보는 경험을 가짐으로써 유아들은 자기중심성을 탈피하여, 서로 공감할 수 있게 되고, 대화기술이 향상되며, 필요한 사회적 지식을 이해하면서 유아의 사회 · 정서적 유능감 발달에 영향을 미칠 수 있게 되는 것이다(Fabes & Eisenberg, 1992; Ladd, 1981). 종합하자면, 사회 · 정서적 유능감의 구성요인으로 추출한 사회적 문제해결은 '유아가 속한 집단에서 발생할 수 있는 문제 상황에 대해 친사회적 행동(나누기, 협상하기 등)을 통해 해결방안을 찾는 능력'이라 할 수 있다.

닫는 글

유아는 유아교육기관에서 생활하며 또래들과 사회관계를 맺는다. 또래관계를 맺는 과정 속에서 타인의 정서를 이해하고, 적절한 정서표현방법을 익히게 된다(Katz & McCellan, 1997). 이러한 정서적 능력은 유아의 친사회적 행동과 연관이 있으며 사회적 문제해결과정에서도 중요하게 기능한다. 따라서 유아의 사회·정서적 유능감 발달은 서로 상호호혜적이며 매우 중요하다(Denham et al., 2003; Goswami, 2008; Semrud-Clikerman, 2007).

이에 유아교육 분야에서뿐 아니라 심리학 그리고 유아기 사회·정서적 문제행동 분야에서도 사회·정서 유능감의 중요성을 인식하고 이를 함양시킬 수 있는 방향을 다각도로 모색하고 있다(지성애, 2019). 여러 연구들(Engels, Finkenauer, Meeus, & Dekovic, 2001; Rönnau-Böse & Fröhlich-Gildhoff, 2009)에서 사회·정서 유능감은 유아의 사회·정서 문제를 제어하는 강력한 보호요인일 뿐만 아니라 추후 학교 적응에 선행되어야 할 핵심요인으로 지적되고 있다(지성애, 2019). Engels와 동료들(2001) 그리고 Rönnau-Böse와 Fröhlich-Gildhoff(2009)은 유아의 사회·정서 발달을 촉진시킬 수 있는 교육을 수행하기 위해서는 부정적인 사회·정서적 문제행동에 초점을 두어 지도하기보다는 긍정적인 사회·정서적 측면에 초점을 두는 교육방법이 효과적임을 제안하고 있다. 유아의 사회·정서 발달뿐 아니라 전반적인 발달을 지원하기 위해서도 사회 · 정서 유능감을 기반으로 하는 교육적 접근을 적용할 필요가 있다. 그러므로 유아교사, 유아교육 연구자, 유아교육 관련 종사자들은 유아의 사회 · 정서 유능감을 이해하고, 이에 대한 교육적 고민을 해볼 필요가 있다. 본 장에서 논의한 사회 · 정서 유능감의 개념을 바탕으로, 2장에서는 사회 · 정서 유능감에 대한 연구가 어떠한 관점에서, 어떻게 이루어져왔는지 보다 심화, 확장된 관점에서 논의할 것이다. 3장에서는 사회 · 정서 유능감이 어떠한 변인들을 중심으로 연구되어 왔는지를 살펴보고, 마지막 4장에서는 유아의 사회 · 정서 유능감 발달에 도움을 줄 수 있는 교사-유아의 상호작용을 살펴봄으로써, 유아의 사회 · 정서 유능감에 대한 여정을 마무리 짓고자 한다.

생각해 봅시다

사회 · 정서 유능감의 구성요소 중 유아기에 가장 지도하기 어려운 요소는 어떤 것일까? 왜 그럴까?

한 번 더 읽어볼 만한 책

황준성, 홍주영 (2012). **아이의 정서지능**. 서울: 지식채널.

참고문헌

김성현 (2015). **인지놀이에 기반한 유아 사회 · 정서적 유능감 프로그램 개발 및 효과.** 중앙대학교 대학원 박사학위논문.

김성현, 지성애 (2015). 인지놀이에 기반한 유아 정서 · 사회적 유능감 프로그램 개발 및 효과. **유아교육학논집, 19**(2), 29–54.

김영옥 (2003). 유아의 친사회적 행동 평가 척도 개발 연구. **아동학회지, 24**(5), 105–118.

김은경, 도현심, 김민정 (2007). 자녀의 정서표현에 대한 부모의 태도, 남녀 아동의 정서조절 능력 및 사회적 능력간의 관계. **아동학회지, 28**(3), 115–131.

김희연 (2001). 유아기 놀이행동에 있어서의 정서표현에 관한 연구. **유아교육연구, 21**(2), 319–340.

이미아 (2008). **ADHD아동의 사회적 유능성과 영향요인간의 관계.** 부산대학교 대학원 박사학위논문.

이순형, 이강이, 성미영, 김지현, 민미희 (2004). **유아의 사회적 유능감 키우기.** 서울: 학지사.

이태영 (2000). **유아를 위한 사회적 유능감 프로그램의 구성 및 효과 검증.** 서울여자대학교 대학원 박사학위논문.

이혜원 (2005). **교사용 유아의 사회적 유능감 평가척도 개발 연구.** 덕성여자대학교 대학원 박사학위논문.

조유진 (2018). **유아를 위한 실행기능 기반 정서유능감 함양 프로그램 개발 및 효과.** 중앙대학교 대학원 박사학위논문.

지성애 (2019). 사회 · 정서 유능감에 기반한 유아 문제행동 예방프로그램 적용 효과 분석. **유아교육학논집, 23**(3), 181–210.

지성화 (2019). **유아의 사회 · 정서적 유능감 평가척도 개발 연구.** 중앙대학교 대학원 박사학위논문.

진경금 (2014). 숲에서의 교육 실시 여부에 따른 정서지능 차이 연구. **생태유아교육연구, 13**(1), 109–130.

최연화 (2012). **유아의 정서적 유능성에 영향을 미치는 관련 변인 연구: 유아의 정서**

적 기질, 어머니의 정서인식, 정서신념과 양육행동을 중심으로**. 경희대학교 대학원 박사학위논문.

하영례 (2009). **집단놀이치료를 활용한 유아 사회정서적 유능감 프로그램 개발 및 효과.** 전남대학교 대학원 박사학위 청구논문.

하영례, 지성애 (2009). 집단놀이치료를 활용한 사회정서적 유능감 프로그램 효과. **미래유아교육학회지, 16**(2), 319-343.

Arsenio, W. F., Cooperman, S., & Lover, A. (2000). Affective predictors of preschoolers' aggression and peer acceptance: Direct and indirect effects. *Developmental psychology, 36*(4), 438.

Ashiabi, G. S. (2000). Promoting the emotional development of preschoolers. *Early Childhood Education Journal, 28*(2), 79-84.

Ashiabi, G. S. (2007). Play in the preschool classroom: Its socioemotional significance and the teacher's role in play. *Early Childhood Education Journal, 35*(2), 199-207.

Bar-Tal, D. (1976). *Prosocial behavior: Theory and research.* Washington, DC: Hemisphere Publishing Corporation.

Baumrind, D. (1973). The development of instrumental competence through socialization. In A. Pick (Ed.), *Minnesota symposium on child psychology, 7,* 3-46.

Bedell, J. R., & Lennox, S. S. (1997). *Handbook for communication and problem-solving skills training: A cognitive-behavioral approach* (Vol. 14). New York: John Wiley & Sons.

Beisly, A. (2011). *Emotional competence in a pre-kindergarten classroom: Links to social and emotional competence* (Doctoral dissertation, Oklahoma State University).

Berk, L. E. (2006). *chap. 10 Emotional Development Child Development* (7th ed., pp. 428-429). Boston: Pearson.

Berns, P. M. (2006). *Child, family, school, community: Socialization and support* (7th ed.). Belmont, CA: Wadsworth.

Betkowski, J. A. (2010). *Teaching self-control in early childhood: Classroom-based promotion of friendships, executive functioning, and positive social expectations.* University of Maryland, Baltimore County.

Bierman, K. L., Domitrovich, C. E., Nix, R. L., Gest, S. D., Welsh, J. A., Greenberg, M. T., ... & Gill, S. (2008). Promoting academic and social–emotional school readiness: The Head Start REDI program. *Child development, 79*(6), 1802–1817.

Blair, R. J. R. (2002). Neuro–cognitive models of acquired sociopathy and developmental psychopathy. In J. Glicksohn (Ed.), *The neurobiology of criminal behaviour* (pp.157 – 186). Boston: Kluwer Academic.

Bohnert, A. M., Crnic, K. A., & Lim, K. G. (2003). Emotional competence and aggressive behavior in school–age children. *Journal of abnormal child psychology, 31*(1), 79–91.

Carpendale, J. I., & Lewis, C. (2004). Constructing an understanding of mind: The development of children's social understanding within social interaction. *Behavioral and brain sciences, 27*(1), 79–96.

Cassidy, K. W., Werner, R. S., Rourke, M., Zubernis, L. S., & Balaraman, G. (2003). The relationship between psychological understanding and positive social behaviors. *Social Development, 12*, 198–221.

Cegala, D. J., Savage, G. T., Brunner, C. C., & Conrad, A. B. (1982). An elaboration of the meaning of interaction involvement: Toward the development of a theoretical concept. *Communications Monographs, 49*(4), 229–248.

Copple, C., & Bredekamp, S. (2009). *Developmentally appropriate practice in early childhood programs serving children from birth through age 8.* National Association for the Education of Young Children, 1313 L Street NW Suite 500, Washington, DC 22205–4101.

Crick, N. R., & Dodge, K. A. (1994). A review and reformulation of social information processing mechanisms in children's social adjustments. *Psychological Bulletin, 115*(1), 74–101.

Denham, S. A. (1998). *Emotional development in young children*. New York: Guilford.

Denham, S. A. (2006). Social–emotional competence as support for school readiness: What is it and how do we assess it?. *Early Education and Development, 17*(1), 57–89.

Denham, S. A., Bassett, H. H., & Zinsser, K. (2012). Early childhood teachers as socializers of young children's emotional competence. *Early Childhood Education Journal, 40*(3), 137–143.

Denham, S. A., Blair, K. A., DeMulder, E., Levitas, J., Sawyer, K., Auerbach–Major, S., & Queenan, P. (2003). Preschool emotional competence: Pathway to social competence?. *Child development, 74*(1), 238–256.

Denham, S. A., & Burton, R. (1996). A social–emotional intervention for at–risk 4–year–olds. *Journal of School psychology, 34*(3), 225–245.

Denham, S. A., & Burton, R. (2003). *Social and emotional prevention and intervention programming for preschoolers.* New York: Kluwer Academic/Plenum.

Denham, S. A., & Couchoud, E. A. (1990). Young preschoolers' ability to identify emotions in equivocal situations. *Child Study Journal, 20*, 153–169.

DePaulo, B. M., Kirkendol, S. E. (1989). The motivational impairment effect in the communication of deception. In Yuille, J. C., (Ed), *Credibility Assessment* (pp. 51–70). Dordrecht, The Netherlands: Kluwer.

Domitrovich, C., Cortes, R. C., & Greenberg, M. T. (2007). Improving young children's social and emotional competence: A randomized trial of the preschool "PATHS" curriculum. *The Journal of Primary Prevention, 28*(2), 67–91.

D'Zurilla, T. J., & Nezu, A. (1982). Social problem solving in adults. In P. C. Kendall (Ed.), *Advances in cognitive–behavioral research and therapy*(pp. 201–274). New York: Academic Press.

Eisenberg, N., Champion, C., & Ma, Y. (2004). Emotion–related regulation: An emerging construct. *Merrill-Palmer Quarterly (1982-)*, 236–259.

Eisenberg, N., Cumberland, A., & Spinrad, T. L. (1998). Parental socialization of emotion. *Psychological inquiry, 9*(4), 241–273.

Eisenberg, N., Sadovsky, A., & Spinrad, T. L. (2005). Associations of emotion–related regulation with language skills, emotion knowledge, and academic outcomes. *New directions for child and adolescent development, 2005*(109), 109–118.

Engels, R. C., Finkenauer, C., Meeus, W., & Deković, M. (2001). Parental attachment and adolescents' emotional adjustment: The associations with social skills and relational competence. *Journal of Counseling Psychology,*

48(4), 428–439.

Erikson, E. (1959). ***Child Development and personality.*** New York: Harper and Brothers.

Fabes, R. A., & Eisenberg, N. (1992). Young children's coping with interpersonal anger. ***Child development, 63***(1), 116–128.

Garner, P. W., & Estep, K. M. (2001). Emotional competence, emotion socialization, and young children's peer–related social competence. ***Early education and development, 12***(1), 29–48.

Goleman, D. (1995). ***Emotional intelligence***. New York: Bantam Books.

Goswami, U. (2008). Reading, dyslexia and the brain. ***Educational Research, 50***(2), 135–148.

Gross, J. J., & John, O. P. (2003). Individual differences in two emotion regulation processes: implications for affect, relationships, and well–being. ***Journal of personality and social psychology, 85***(2), 348 – 362.

Halberstadt, A. G., Cassidy, J., Stifter, C. A., Parke, R. D., & Fox, N. A. (1995). Self–expressiveness within the family context: Psychometric support for a new measure. ***Psychological assessment, 7***(1), 93–103.

Halberstadt, A. G., Denham, S. A., & Dunsmore, J. C. (2001). Affective social competence. ***Social development, 10***(1), 79–119.

Harris, Y. & Graham, J. (2014). ***The African American Child, Second Edition: Development and Challenges.*** New York, NY: Springer Publishing.

Harter, S. (2012). ***Self-perception profile for adolescents: Manual and questionnaires.*** Denver, CO: University of Denver, Department of Psychology.

Havighurst, S. S., Wilson, K. R., Harley, A. E., Kehoe, C., Efron, D., & Prior, M. R. (2013). "Tuning into Kids": Reducing Young Children's Behavior Problems Using an Emotion Coaching Parenting Program. ***Child Psychiatry & Human Development, 44***(2), 247–264.

Hearron, P. F., & Hildebrand, V. (2004). ***Guiding young children***. Upper Saddle River, NJ: Prentice Hall.

Hebert–Myers, H., Guttentag, C. L., Swank, P. R., Smith, K. E., & Landry, S. H. (2006). The importance of language, social, and behavioral skills across early and later childhood as predictors of social competence with peers. ***Applied Developmental Science, 10***(4), 174–187.

Heppner, P. P., Reeder, B. L., & Larson, L. M. (1983). Cognitive variables associated with personal problem-solving appraisal: Implications for counseling. *Journal of counseling Psychology, 30*(4), 537.

Howes, C. (2009). Friendship in early childhood. In K. H. Rubin, W. M. Bukowski, & B. Laursen (Eds.), *Handbook of Peer Interactions, Relationships, and Groups* (pp.180 – 194). New York, NY: The Guilford Press.

Hyson, M. C. (2004). *The emotional development of young children: Building an emotion-centered curriculum.* New York: Teachers College Press.

Izard, C. E., Trencostam C. J., King, K. A., & Mostow, A. J. (2004). An Emotion-Based Prevention Program for Head Start Children. *Early Education and Development, 15*(4), 407–422.

Katz, L. G., & McClellan, D. E. (1997). *Fostering Children's Social Competence: The Teacher's Role. Volume 8 of the NAEYC Research into Practice Series.* Washington, DC: NAEYC.

Kohn, M., & Rosman, B. L. (1972). A social competence scale and symptom checklist for the preschool child: Factor dimensions, their cross-instrument generality, and longitudinal persistence. *Developmental Psychology, 6*(3), 430.

Kopp, C. B. (1989). Regulation of distress and negative emotions: A developmental view. *Developmental psychology, 25*(3), 343.

Kostelnik, M. J., Whiren, A. P., Soderman, A. K., & Gregory, K. M. (2009). *Guiding Children's Social Development and Learning* (6th ed.). New York, NY: Delmer.

Ladd, G. W. (1981). Effectiveness of a social learning method for enhancing children's social interaction and peer acceptance. *Child development, 52*, 171–178.

Landy, F. J. (2006). The long, frustrating, and fruitless search for social intelligence: A cautionary tale. In K. R. Murphy (Ed.), *A critique of emotional intelligence: What are the problems and how can they be fixed?* (pp. 81 – 123). Mahwah, NJ: Lawrence Erlbaum.

Leary, T. (1957). *Interpersonal Diagnosis of Personality.* New York: Ronald Press company.

Lemerise, E. A., & Arsenio, W. F. (2000). An integrated model of emotion processes and cognition in social information processing. *Child development, 71*(1), 107–118.

Lemerise, A. E., Fredstrom, B. K., Kelley, B. M., Bowersox, A. L., & Waford, R. N. (2006). Do provocateurs' emotion displays influence children's social goals and problem solving? *Abnormal Child Psychology, 34*, 559–571.

Macaulay, J., & Berkowitz, L. (Eds.). (1970). *Altruism and helping behavior: Social psychological studies of some antecedents and consequences.* New York: Academic Press.

Maguire, M. C., & Dunn, J. (1997). Friendships in early childhood, and social understanding. *International Journal of Behavioral Development, 21*(4), 669–686.

McCabe, P. C. (1998). *Efficacy of the enhance social competence program with typical and language-delayed children*. Unpublished Doctoral Dissertation. Hofstra University.

McGinnis, E., & Goldstein, A. P. (1990). *Skillstreaming in early childhood: Teaching prosocial skills to the preschool and kindergarten child*. Research Press, 2612 North Mattis Avenue, Champaign, IL 61821.

Merrell, K. W. (2011). *Social emotional assets and resilience scales: Professional manual*. Lutz, FL: Psychological Assessment Resources.

Miller, A. L., Gouley, K. K., Seifer, R., Zakriski, A., Eguia, M., & Vergnani, M. (2005). Emotion knowledge skills in low–income elementary school children: Associations with social status and peer experiences. *Social Development, 14*(4), 637–651.

Montemayor, R. (1994). The study of personal relationships during adolescence. In R. Montemayor, G. R. Adams, & T. P. Gullotta (Eds.), *Personal Relationships During Adolescence*. Thousand Oaks, CA: Sage.

Morrison, G. S. (2012). *Early Childhood Education Today* (12th ed.). Boston: Pearson.

Nowicki Jr, S., & Mitchell, J. (1998). Accuracy in identifying affect in child and adult faces and voices and social competence in preschool children. *Genetic, Social, and General Psychology Monographs, 124*(1), 39–60.

O'Malley, J. M. (1977). Research perspective on social competence. *Merrill-Palmer Quarterly of Behavior and Development, 23*(1), 29–44.

Piaget, J. (1965). *The Moral judgement of child.* New York: Free Press.

Rönnau-Böse, M., & Fröhlich-Gildhoff, K. (2009). *Kinder stärken!: Resilienzförderung in Kindertageseinrichtungen. Sozial Extra, 33*(11-12), 14-16.

Rubin, K. H., Bukowski, W. M., & Laursen, B. (2011). *Handbook of peer interactions, relationships, and groups*. New York: Guilford Press.

Rubin, K. H., Bukowski, W. M., Parker, J. G., & Bowker, J. C. (2008). Peer interactions, relationships, and groups. In W. Damon, M. R. Lerner, D. Kuhn, R. S. Siegler, & N. Eisenberg (Eds.), *Child and Adolescent Development: An advanced course* (pp.141-180). Hoboken, NJ: Wiley.

Saarni, C. (1999). *The development of emotional competence.* New York: Guilford Press.

Sandy, S. V., & Boardrnan, S. K. (2000). The peaceful kids conflict resolution program. *International Journal of Conflict Management, 11*(4).

Sarason, B. R. (1981). The dimensions of social competence: Contributions from a variety of research areas. In J. D. Wine & M. D. Smye (Eds.), *Social Competence* (pp.100-122). New York: Guilford.

Schultz, D., Izard, C. E., & Ackerman, B. P. (2000). Children's anger attribution bias: Relations to family environment and social adjustment. *Social Development, 9*(3), 284-301.

Schwartz, R. M., & Trabasso, T. (1984). Children's understanding of emotions. In C. E. Izard, J. Kagan, & R. B. Zajonc (Eds.), *Emotion, cognition, and behavior.* (pp.409-437). New York: Cambridge University Press.

Semrud-Clikerman, M. (2007). *Social competence in children.* New York: Springer.

Shure, M. B. (2001). I Can Problem Solve(ICPS): An interpersonal cognitive problem solving program for children. *Residential Treatment for Children & Youth, 18*(3), 3-14.

Siegler, R. S., DeLoache, J. S., & Eisenberg, N. (2003). *How children develop.* New York: Worth.

Squires, J., & Bricker, D. (2007). *An Activity-Based Approach to Developing Young Children's Social and Emotional Competence.* Baltimore: Paul Brookes.

Strayer, J. (1980). A naturalistic study of empathic behaviors and their relation to affective states and perspective–taking skills in preschool children. *Child Development, 51,* 815–822.

Sullivan, H. S. (1953). *The interpersonal theory of psychiatry*. New York: Norton.

Thompson, R. A. (1994). Emotion regulation: A theme in search of definition. *Monographs of the society for research in child development, 59*(2–3), 25–52.

Valiente, C., & Eisenberg, N. (2006). Parenting and Children's Adjustment: The Role of Children's Emotion Regulation. In D. K. Snyder, J. Simpson, & J. N. Hughes (Eds.), *Emotion regulation in couples and families: Pathways to dysfunction and health* (pp.123 – 142). American Psychological Association.

Walden, T. A., & Smith, M. C. (1997). Emotion regulation. *Motivation and emotion, 21*(1), 7 – 25.

Westen, D. (1994). Toward an integrative model of affect regulation: Applications to social–psychological research. *Journal of Personality, 62*(4), 641–667.

Wispe, L. G. (1972). Positive forms of social behavior: An overview. *Journal of social issues, 28*(3), 1–19.

Zigler, E., & Trickett, P. K. (1978). IQ, social competence, and evaluation of early childhood intervention programs. *American Psychologist, 33*(9), 789 – 798.

사회 · 정서 유능감은

CHAPTER 2

그동안 어떻게 연구되어 왔는가?

사회 · 정서
유능감은
그동안
어떻게
연구되어
왔는가?

여는 글

"사회성에는 왜 정답이 없을까요."

"뭔가 막연한 느낌이에요."

"할수록 헷갈리고 어려워요."

이는 실제로 필자가 대학원생들로부터 종종 들었던 말이다. 사회 · 정서적 능력을 키우는 일은 유아기에 반드시 이루어져야 할 과업임에도, 이에 대한 명확한 정의가 없으니 참 아이러니한 일이다. 사회 · 정서 유능감과 관련해서는 실제 많은 연구가 행해져왔음에도, 이에 관한 리뷰나 문헌고찰은 극히 드물다. 앞 장에서 살펴보았듯이 사회 · 정서 유능감은 인지, 정서, 행동적 요인과 모두 관련되어 있다. 한마디로 말하자면, 정의(definition)하기가 매우 어렵고 복잡한 개념이다. 재즈계의 전설인 루이 암스트롱은 "당신이 재즈를 정의하려고 한다면, 아마 재즈를 알지 못할 거요."라고 말했다고 한다(Contarello & Volpato, 1991, p.49). '사회 · 정서 유능감'이라는 용어 또한 정의하려고 하면 할수록 잡히지 않는 실체처럼 느껴질 수 있다(Schneider, 2016).

예를 들어, 어떤 경우에는 '협동하기', '도움주기'처럼, 눈으로 볼 수 있는 사회적 행동이 사회 · 정서 유능감으로 여겨지기도 하고, 다른 경우에는 '공감', '연민', '배려'와 같은 개인 내적 특질이 유능감으로 여겨지기도 한다. 혹은 반에서 또래들에게 인기가 많은 아이가 사회적으로 유능하다고 간주된다. 그렇다면 유아의 사회 · 정서 유능감에 대해 알고 싶은 사람이나 연구하고자 하는 사람은 어디서, 어떻게 연구를 시작해야 할까.

사회 · 정서 유능감과 관련한 구인(construct)은 대략 100년 이상 연구되어 왔다. 그동안 수많은 정의와 그에 따른 개념화가 제안되었으며, 시대에 따라 많이 사용되는 용어나 개념에 차이가 있기도 했고, 학자에 따라 개념적 정의가 상이했을 뿐 아니라, 학문영역에 따라 접근법이 달라지기도 했다. 사회 · 정서 유능감이 두 명 이상의 사람 간에 일어나는 상호작용에 대한 능력이라는 점에는 이견이 없다. 그런데 문제는 상호작용이 어떻게 실행되어야만 성공적이라고 (혹은 유능하다고) 여겨지는지, 그리고 그러한 성공적인 상호작용을 이끌어내는 개인의 특질이나 특성, 기술 등은 무엇인지에 대해서는 여전히 다양한 관점들이 존재한다(Arnold & Lindner-Muller, 2012).

본 장에서는 1장에서 살펴본 개념적 전제나 접근이 어떻게 연구되어 왔는지 살펴보고자 한다. 필자는 그간 사회 · 정서 유능감 연구를 수행해오며, 도대체 어디까지가 사회적 유능성 연구인지, 사회 · 정서 유능감과 사회적 유능감이 같은 것인지, 정서유능감은 사회적 유능감과 어떻게 다른 것인지 등에 대한 혼란을 겪었다. 막연히 '사회적 유능감'을 안다고 생각했으나, 왜 연구마다 관련 구인이 다른지에 대해서는 깊이 있게 다루어보지 않았다. 본 장은 필자와 같이 유아의 사회적 유능감에 대한 관심은 있으나, 어디부터 시작해야 하는지 막연하거나, 사회 · 정서 유능감에 관한 개념을 확실히 하고픈 연구자들에게 도움이 될 것이다.

이를 위해 먼저, 사회 · 정서 유능감과 관련한 연구에 사용된 용어들을 출발점으로 하고자 한다. 사회적 유능, 정서적 유능, 사회적 기술, 또래 유능 등 사회 · 정서 유능감과 관련해서는 다양한 용어들이 존재한다. 이들 용어를 한데 놓고 그 차이를 살펴보는 일은 유용할 것이다. 그 다음으로는 사회 · 정서 유능감 연구가 '무엇을(핵심개념)' 중심으로 '어떻게(측정단위 수준)' 연구되어 왔는지 살펴볼 것이다.

용어의 역사:
'어떤 용어가 맞는 것일까'

사회 · 정서 유능감 연구의 역사는 개념적 이슈와 직결된다. 사회 · 정서 유능감의 정의를 어떻게 내리느냐에 따라, 연구의 초점이 다르게 이루어졌기 때문이다. 개념적 정의에 관해서는 앞 장에서 이미 논의되었기에, 본 장에서는 용어를 (terminological) 중심으로 살펴보고자 한다.

사회 · 정서 유능감을 지칭하는 용어는 매우 다양하다. 영어권에서는 social intelligence, social skills, social competence, peer competence, social-emotional competence, emotional intelligence 등과 같은 용어들이 사용되어 왔으며, 국내에서는 이러한 용어들을 그대로 번역하여, 사회적 지능, 사회적 유능감(성), 또래유능감(성), 사회 · 정서적 유능감(성), 정서적 지능 등으로 사용되어 왔다. 'Social intelligence'는 가장 오래된 용어로서, 이 개념에 따르면 사회적 상호작용에서 영리하게 수행하는 사람. 그런 능력을 갖춘 사람에 초점을 둔다.

'Social skills'이라는 용어 역시 과거부터 현재까지 빈번하게 사용되어 오고 있다. 이 용어는 사회적으로 적절한 행동을 하는가에 초점을 두고 있다. 그런데 'Social skills'이라고 해서, 행동만 있는 것은 아니다. 왜냐하면 기술을 발휘하기 위해서는 그 기술에 대한 지식과 그 지식을 적정 상황에 적절하게 사용할 수 있는 수행력을 필요로 하기 때문이다. 그렇기에 사회적 기술을 수행하는 데는 행동적 요소뿐 아니라, 인지적 요인도 포함될 수 있다. 이 용어는 사회적으로 적절한 행동이 무엇인지 개념화하고 있기 때문에 '사회적 지능'보다는 훨씬 구체적인 의미를 지닌다.

McFall(1982)에 따르면 'social skills'은 사회적 상황에서 잘 수행된(well-performed) 특정 행동을 의미하는 반면에, 'social competence'는 행동 수행의 적절성에 기반한 평가적 용어(evaluative term)를 의미한다.

1990년대 후반 들어, 사회 · 정서 발달에서 정서적 측면이 더욱 강조되고 있다. 'Social-emotional competency', 'social-emotional competence' 등은 1990년대 이후에 많이 사용되고 있다. Google scholar에서 위의 용어들을 연대별로 검색한 결과 표 2-1 과 같은 연구의 수가 검색되었다. 표 2-1 을 살펴보면 시간의 흐름에 따라 어떠한 개념이 더욱 활발하게 사용되어 왔는지 알 수 있으며, 그에 따라 사회 · 정서 유능감의 개념 중 어떠한 측면에 더욱 강조되어 왔는지 엿볼 수 있다.

최근 10년 동안 연구에서 가장 빈번히 사용된 용어는 'social skills', 'social intelligence', 'social competence'라 할 수 있으며 'emotional intelligence','peer competence', 'emotional competence'는 상대적으로 적게 사용되고 있다. 1900년대 중반까지는 'social intelligence'가 수적으로 매우 우세했으나, 1900년대 중후반을 지나면서, 'social skills', 'social competence'가 'social intelligence'의 연구숫자를 따라잡으며, 2010년 이후 현재에는 'social skills'을 사용한 연구의 수가 가장 많은 것으로 나타났다. 아마도 이는 '지능'이라는 단어가 갖는 제한점에서 기인한 것일 수 있다. '지능'이란 대체로 인지적 능력을 일컫는다. 여러 연구자들은 'social intelligence'가 일반적 지능으로부터 뚜렷이 구분되는 점이 불분명하다는 점을 지적해왔다(Kihlstrom & Cantor, 2011: Kanning & Horenburg, 2014에서 재인용). 'Social intelligence'는 여전히 빈번히 사용되고 있는 용어이기는 하나, 연구물 수의 증가율은 타 용어들에 비해 상대적으로 낮은 것으로 보인다.

표 2-1 사회·정서 유능감 관련 용어별 연구물 수의 시대별 변화 추이(국외)

용어	1900~1950	1951~1970	1971~1990	1991~2010	2010~현재
Social competence	16,700	31,700	178,000	1,520,000	1,410,000
Emotional competence	2,780	16,600	62,200	621,000	557,000
Social-emotional competence	4,080	15,600	63,200	586,000	555,000
Peer competence	1,080	5,610	43,800	404,000	373,000
Social Intelligence	45,800	59,200	274,000	1,510,000	1,590,000
Emotional Intelligence	18,300	24,600	90,300	1,070,000	717,000
Social skills	17,000	54,600	185,000	1,190,000	1,780,000

출처: https://scholar.google.co.kr, 2020.1.18.

그렇다면 국내의 상황은 어떠할까? 국내 유아 사회성에 관련한 연구물은 엄청난 수가 존재한다. 필자는 다양한 용어를 사용하여, 관련 영역의 연구가 얼마나 되는지 살펴보고자 하였다. 한국교육학술정보원에서 운영하는 RISS(Research Information Sharing Service) 사이트에서(www.riss.kr) 사회 · 정서 유능감과 관련한 다양한 용어 —'또래유능', '사회적 유능', '사회 · 정서유능', '정서적 유능', '사회적 기술', '정서지능'— 등의 키워드로 검색하였다(검색일자 2019.12.10). 검색어는 유아 및 초등학생 아동으로 한정하였다.

그 결과, 국내 사회 · 정서 유능감 관련 연구는 총 873편이 추출되었다. 1990년대 중후반부터 관련 연구물이 등장하며, 가장 빈번한 용어는 '정서지능(363개)'이었다. 그 다음으로 '또래유능(176개)', '사회적 유능(163개)', '사회적 기술(119개)'의 순으로 가장 빈번히 연구되어 왔다. 특히 '또래유능', '사회적 유능'에 관한 연구는 최근 10년간 급격히 증가하였다. '사회 · 정서 유능(13편)'은 최근 5년 사이에 소수의 연구가 언급되고 있다. 반면 '정서적 유능'이라는 용어를 사용한 연구는, 지난 20여 년간 5편에 불과할 정도로 거의 이루어지지 않고 있다고 볼 수 있다. 그러나 '정서지능'이라는 용어는 매우 빈번하게 이루어지고 있다. 국내에서는 '정서적 유능'이라는 단어보다는 '정서지능'이라는 용어를 대부분 사용하고 있는 것으로 해석될 수 있다.

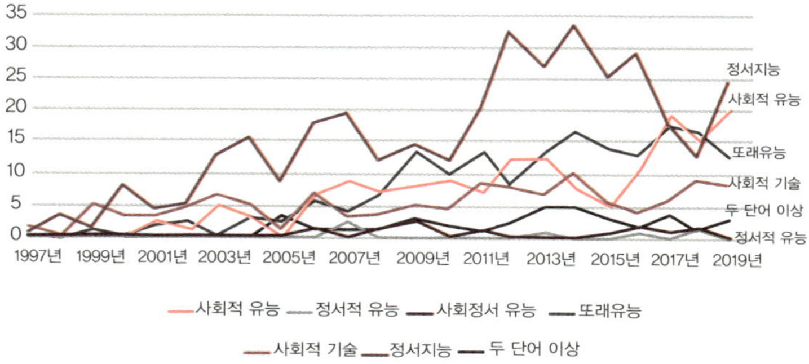

그림 2-1
사회·정서 유능감 관련 용어별 연구물 수의 변화추이(국내)

그렇다면, 위의 용어들을 사용하여, 사회 · 정서 유능감에서는 무엇을 가장 많이 연구해 왔을까? 이를 파악하기 위하여, 위의 873편의 연구들의 핵심어(key words)를 추출하여, 비슷한 단어들은 서로 묶거나 통합하였다. 이후, 1,754단어로 핵심어들을 축소한 후 워드클라우드 프로그램(http://wordcloud.kr/)을 이용하여 단어구름을 생성하였다. 그림 2-2를 살펴보면 가장 많이 연구된 변인은 단연 '어머니'였다. '또래', '정서지능'도 매우 빈번하였으며 '기질', '양육행동', '교사-유아 관계', '문제행동', '자아존중감', '아버지' 등도 눈에 띈다. 이를 종합해보면, 유아의 사회 · 정서 유능감은 가정변인(어머니 변인)을 중심으로 이루어져 왔고 그 다음 개인변인과 또래변인이 주로 연구되어 왔음을 알 수 있다.

그림 2-2
사회·정서 유능감 관련 연구물 단어구름

능력, 성격, 행동:
사회·정서 유능감의 핵심개념 비교

1장에서 살펴보았듯이 사회·정서 유능감은 동물행동학적 관점에서 본다면 개인의 사회적 적응의 과정으로 볼 수 있고, 성격구조적 관점에서는 개인의 특질이나 성향으로, 상호작용적 관점에서 본다면 대인관계에서 발휘되는 인지적·정서적 능력 및 개인의 사회적 기술로 개념화할 수 있다. 이것은 결국 사회 · 정서 유능감의 중심개념을 능력(동물행동학), 성격(성격구조적), 행동(상호작용론적) 중 무엇으로 보는가로 축약된다. 유아들의 사회 · 정서 유능감은 무엇을 중심으로 보면 좋을까? 본 장에서는 기존의 사회 · 정서 유능감의 3가지 중심개념(능력, 성격, 행동)에 '도덕성'이라는 요소를 추가하고자 한다.

능력 vs 성격

직장에서 사람을 구할 때 능력 있는 사람과 성격이 좋은 사람 중 누구를 선택해야 할까.

직장이라면 성격보다 일을 처리하는 능률이나 능력이 중시될 수 있다(물론, 인성적인 면이 점점 중요하게 고려되고 있으나). 반면, 친구와 같은 사적인 관계에서 능력은 전혀 고려대상이 아니다. 친구관계에서는 성격이 능력보다 훨씬 더 중요시된다.

사회 · 정서 유능감도 이와 비슷하다. 유능감을 중요시할지, 아니면 성격적 측면을 중요시할지에 따라 개념화가 다르게 이루어지고, 연구의 접근이나 전제도 다르게 이루어진다. 이는 1장에서 살펴본 동물행동학 관점과 성격구조적 관점과 연관되기도 한다. 동물행동학적 관점에서 본다면 사회적 환경에서 잘 살아남을 수 있는 방식으로 행동하여 잘 적응하는 사람이 유능한 것이고, 성격적 관점에서 본다면 개인의 긍정적 특질을 지닌 사람이 사회 · 정서적으로 유능하다고 볼 것이다.

먼저 '유능성'에 초점을 둔다면, 자신의 목적을 이루어내는,

효과성 측면에서 사회 · 정서 유능감을 바라볼 수 있다. 이러한 관점은 타인에 대한 이해나 타인이 바라는 것을 고려하기보다는, 특정 행동을 통해 자신의 목적을 관철시키는 것에 초점을 둔다. 이는 행동의 기능적 · 결과적 측면에서 바라보는 것으로, 어떤 특정 행동이 사회적으로, 혹은 표면적으로 보았을 때는 잘 기능하므로 바람직해 보인다. 그러나, 유능성이란 때로 '도덕성'과 일치하지는 않기에, 효율만을 중시하다가는, 자칫 도덕적인 측면을 간과하게 되는 우려가 있다.

또 다른 초점은 좋은 성격의 측면에서 사회 · 정서 유능감을 논할 수 있다. 타인과 원만하게 지낼 수 있는 긍정적 성격 특질을 지닌 사람을 사회 · 정서적으로 유능하다고 보는 것이다 (Kanning & Horenburg, 2014). 이 관점은, 타인의 욕구를 고려하며, 사회적 관계를 형성하고 지속적으로 유지하는 데 관여하는 개인의 특질, 행동을 포함한다. 필자는 여기에 '도덕적' 의미를 추가하고자 한다. 타인과 원만하게 지내는 성격뿐 아니라, 이러한 성격의 밑바탕에는 사회의 규율과 가치를 내면화하여 이것을 타인에게 실천하고자 하는 동기가 있어야 진정으로 사회 · 정서 유능성을 갖추었다고 보는 것이다. 예를 들면, 친구가 많은 아이가 유능성의 관점에서는 사회성이 좋은 것처럼 보이지만, 실상 친구의 수가 많지는 않아도 몇몇의 친구와 진실된 관계를 유지하고 있다면 사회 · 정서적으로 유능한 것으로 볼 수 있다. 친사회적 행동(prosocial behavior)과 이타적 행동(altruistic behavior)은 정확히 같은 것은 아니다. 엄밀히 말하자면,

친사회적 행동은 겉으로 드러나는 친절한 행동을 의미하지만, 이타적 행동은 행동뿐 아니라 행동을 하게 된 동기까지 따진다. 자신에게 오는 이익만을 생각하지 않고, 타인을 돕고자 하는 마음에서 출발한 행동만이 순수하게 이타적이라 할 수 있다(Eisenberg, 2014).

예를 들어, 친구에게 놀잇감을 빌려준 행위가, 자신이 나중에 도움을 받기 위해 미리 의도한 것이라면, 이것을 친사회적인 행동, 사회·정서적으로 바람직한 행동이라고 할 수 있을까. 유치원이나 어린이집에서는 종종 유아들의 친사회적 행동을 볼 수 있다. 그런데, 어떤 경우에는 친절한 행동임에도, 교사로서 딱히 칭찬을 해주고 싶지 않은 경우가 있거나, 이 아이가 착한 아이인지 혼란스러울 때가 있다.

도덕적 요소를 사회·정서 유능감의 개념에 추가할 때 유의할 것은, 타인과 원만하게 지내기 위해 자신의 욕구를 무조건 희생하는 것은 아닌지, 자신이 견딜 만한 수준의 양보나 협상을 하고 있는지를 살펴야 한다. 무조건 양보만 한다면 결국에는 자신에게 부담으로 다가오게 되며, 타인을 원망하게 되고, 장기적으로는 자신과 타인 모두에게도 그리 도움이 되지 못하기 때문이다. 결국 내면적 동기, 긍정적 성격 특질, 그리고 능력까지 갖추었을 때 진정으로 유능하다고 볼 수 있다.

성격 vs 행동

‘우리 아이는 사회성이 좋아’, ‘이 아이는 성격이 좋아’라고 할 때, 이것은 보통 성격을 의미하는 것처럼 들린다. 그런데, 사회성이 좋다는 것, 성격이 좋다는 것은 어떻게 알 수 있을까.

성격구조적 관점에서 본다면, 성격이 좋은 아이가 사회 · 정서적으로 유능하다고 보는 반면, 상호작용적 관점에서 본다면 또래관계가 좋아서 친구가 많고, 사회적 기술을 상황에 따라 적합하고 다양하게 사용하는 유아라고 볼 수 있다.

많은 연구자들이 사회 · 정서 유능감이 개인의 잠재적 특성(성향)인지, 겉으로 드러난 특성(행동)인지에 대해 논쟁을 해왔다. 성격을 행동과 분리하는 것은 불가능하다. 성격이라 함은 개인의 안정적인 속성인데, 이것은 여러 다른 상황에 걸쳐 ‘그 사람은 그렇게 반응할 것’이라는 안정적인 패턴을 의미한다. 반면 행동은 상황이나 맥락에 따라 다르게 일어난다. 어떤 아이가 집에서는 활달한데, 유치원에만 오면 위축될 수 있다. 부끄러움을 많이 타는 유아들도 친한 또래들과는 부끄럼을 타지 않는다(Coplan, DeBow, Schneider, & Graham, 2009). 이는 맥락의 친숙성(familiarity)에서 기인하는 것이다. 그러나 같은 상황(예: 전학 온 유아)에서도 어떤 유아는 먼저 말을 거는 반면, 부끄러움을 타는 유아는 그렇지 않을 수 있다.

Kanning과 Horenburg(2014)는 사회 · 정서 유능감이란 ‘성향(Potential)’과 ‘행동(behavior)’의 합성이라고 제안하였다. 사회 · 정

서 유능감이란 특정한 사회적 맥락이 전체적으로 다 제공되지 않아도, 그 사람의 사회적 행동에 깔려 있는 (성격과 같이) 잠재적인 것이라 할 수 있다. 그러므로 어떤 사람이 모든 사회적 문제 상황을 다 성공적으로 해결하지 못하더라도, 매우 특출한 사회 · 정서 유능감을 지녔다고 말할 수 있다. 이는 대체적으로 잘, 원만히 해결하는 사람이란 뜻이다. 마치 글을 매우 잘 쓰는 작가에 비유할 수 있다. 어떤 작가가 매번 문학상을 수상할 수는 없으나, 그가 쓴 글은 대체로 훌륭하거나 우수하다고 여겨지는 것이다(Kanning & Horenburg, 2014). 사회 · 정서 유능감도 더욱 훌륭히 발휘되는 특정 상황이 때로 존재할 수 있다. 당시 상황에 따라 그 우수성이 다르게 일어나지만, 그래도 대체적으로 추론할 수 있는 개인의 안정적 속성에 기인한다(Kanning & Horenburg, 2014).

명랑하고 쾌활한 성격을 지녔다고 할 때, 그것은 결국 행동으로 나타나기 마련이다. 때문에 쾌활하고 외향적인 성격과 타인에게 적극적으로 다가가는 행동 중, 어느 것이 사회 · 정서 유능감의 정의에 해당하는지 이 두 가지 중 하나만 선택하기란 불가능하다. 성격을 측정했어도 혹은 그 사람이 보인 행동을 측정했어도 모두 사회 · 정서 유능성을 측정했다고 볼 수 있다.

그리하여 사회 · 정서 유능감은 성격, 행동, 그리고 그와 관련한 인지, 행동, 정서적 기술이 모두 포함된다. 사회 · 정서 유능감을 개념화할 때 혼란스러워하는 점이 이 지점이다. 국내 대부분의 사회 · 정서 유능감, 사회적 유능감, 정서적 유능감 등에 관한 연구들을 보면, 측정 구인이 모두 다르거나, 반대로 많은 부분 겹치기도 한다.

예를 들어, '유아의 정서표현, 또래 인기도와 사회적 유능감의 관계'라는 연구주제가 있을 때, 이것은 마치, A와 A-1의 관계처럼 보이기도 한다. 이 세 변인 모두 사회 · 정서 유능감이라 여길 수 있기에 결국 이 주제는 사회 · 정서 유능감 안의 여러 요인들 간의 관계를 본 것이라 할 수 있다. 그렇다고 이 연구가 완전히 잘못 설계된 연구라 단정하기는 어렵다. 다만 연구자의 사회 · 정서 유능감에 대한 개념화가 결과의 해석에 영향을 미칠 수 있기 때문에, 각 용어의 조작적 정의에 유의해야 하는 것이다. 즉, 사회 · 정서 유능감 연구를 시작한다면, 이러한 관점의 차이를 고려하고, 자신의 사회 · 정서 유능감 개념이 어느 관점에 가까운지 분명하게 하는 것이, 연구 설계와 해석에 도움이 될 것이다.

사회 · 정서유능감 연구들의 중심개념인 능력, 성격, 행동은 서로 다른 이론적 관점에서 논의되지만, 이 세 가지 개념 혹은 세 가지 이론은 서로 관련되어 있다. 자신이 원하는 것을 얻어내고, 많은 친구들을 거느리는 소위 능력 있는 아이는, 원만하고 쾌활하며 좋은 성격특질을 지녔을 확률이 높고, 친구의 입장을 이해하고 이를 행동으로 옮길 수 있는 기술을 갖추었을 가능성이 높기 때문이다. 그리하여 이 세 가지 관점은 대비된다기보다는 서로 보완된다고 볼 수 있다.

개인 내, 개인 간, 그리고 맥락: 측정 · 분석 단위의 수준

앞에서 이야기한 내용들을 종합하자면, 사회 · 정서 유능감은 개인 내 성격이나 특질, 개인 간 나타나는 행동, 특정 맥락이나 상황에 적응하는 과정 등으로 바라볼 수 있다. 즉, 개인이 가진 내적 특성, 개인이 상대에게 하는 행동과 그 행동으로 인해 형성되는 관계, 그리고 그러한 특질과 행동이 특정한 관계와 맥락에서 발휘하는 적응적 · 비적응적 기능 등으로 나누어 볼 수 있다. 사회 · 정서 유능감의 연구들을 살펴보면 개인, 관계, 집단 등 유능감이 발휘되는 여러 수준에서 접근하고 있다. 여기서는 사회적 기술, 또래관계, 기능적 측면의 세 측면으로 나누어 살펴보고자 한다.

개인의 사회적 기술을 중심으로 한 접근

사회적 기술(social skills)을 중심으로 한 접근은 바람직하다고 여겨지는 사회적 기술을 목록화하고, 그 기술을 수행하는 경우 사회 · 정서 유능감이 높다고 여기는 방식이다. 이 방식은 사회 · 정서 유능감 연구에서 가장 광범위하고 활발하게 이루어지고 있다. 대체로 친사회적인 행동, 타인의 입장을 이해하고 공감하는 행위 등이 이에 속한다. 표 2-2는 Asher와

McDonald(2009)가 제시한 사회적 기술의 예시다.

표 2-2 An Incomplete List of Social Tasks

An Incomplete List of Social Tasks
Entering a Group
Responding to Ambiguous Provocation
Managing Conflict
Coping with False Accusations
Listening
Negotiating Rules
Retrieving Belongings
Generating "Fun" Ideas
Sharing Resources/Belongings
Maintaining Interaction
Making Requests
Eliciting Disclosure
Self-Disclosure
Responding to Requests
Expressing Appreciation
Coping with Public Failure
Coping with Rejection
Dealing with Losing
Apologizing
Forgiving
Helping
Asking for Help
Responding to Cheating/Unfairness
Resisting Distraction by Others
Persuading
Achieving Equity/Fairness

Complimenting
Coping with Frustrating Situations
Getting Picked for Teams/Activities
Expressing Affection
Coping with Teasing
Avoiding Dangerous Peer Contexts
Comforting
Defending Self
Communicating Contingently
Sticking Up for a Friend
Refusing a Dare
Responding to Winning/Success
Keeping Secrets
Terminating Interaction

출처: Asher & McDonald(2009)

그런데, 바람직하다고 여겨지는 사회적 기술을 무엇으로 정의할 것인가, 어떠한 기술이 바람직하다고 보아야 하는가에 대해서는 논란의 여지가 있다. 사회적 기술에는 무수히 많은 기술들이 존재하며, 어떠한 기술을 목록화해야 하는지, 특정 기술을 어떻게 정당화할 것인지의 문제가 제기된다. 위의 표에서도 Asher와 McDonald가 'incomplete'라고 이름을 붙였는데, 그 이유는 이것이 모든(complete) 사회적 기술을 포함한 것이 아니기 때문이다.

바람직하다고 여겨지는 사회적 기술은 문화권이나 국가에 따라 다소 차이가 존재하기도 한다. 예를 들어 '단호함(self-assertiveness)'은 서구문화권에서는 바람직한 기술인 반면, 우리나라에서는 반드시 그렇지만은 않다. 반면 도움을 제공하거나, 협력하는 행동은 범문화권적으로 바람직하다고 여기는 기술이다. 때로는 인기 있는 아이들이 하는 행동목록을 유능한 것으로 보는 관점도 있다(예: 친절함, 미소, 협동, 의사소통능력 등) (Newcomb, Bukowski, & Pattee, 1993). 그러나 이러한 관점은 인기 있는 아이들이 속한 집단이 어떠한 집단인가에 따라 유능성이 다르게 정의될 수 있다. 예를 들어 비행 청소년 집단에서 인기가 높거나, 유능하다는 것은 도덕적 관점에서 잘못된 행동을 하는 것이기 때문이다.

사회적 기술 중심 접근의 또 다른 문제점은, 상황에 따라 행동의 기능이 동일하지 않다는 점이다. 그래서 특정 행동을 특정 순간에 측정한 것이 그 아이의 사회 · 정서 유능성 수준을 대표하지 않는다는 점을 설명하기 어렵다.

또래 간 관계를 중심으로 한 접근

사회 · 정서 유능감을 또래관계의 차원에서 연구하는 방식이다. 또래들이 좋아하는 아이, 친구가 많은 아이들을 사회 · 정서적으로 유능하다고 보는 관점이다. 인기도나 우정을 사회적 유능감의 구인으로 보는데, 이 접근 방식은 어떤 아이가 사회적 유능성이 부족한지 한눈에 식별이 가능하다는 장점이 있다.

인기도: '나는 ~가 좋아요'

인기도는 관계의 양적인 측면을 반영한다. 인기 있는 아이들은 그렇지 않은 아이들에 비해 대체로 상호작용기술이 좋고 공격적인 성향이 낮으며, 위축적인 행동이 적다. 이들은 새로운 놀이집단에도 쉽게 진입하는데, 이미 진행되고 있는 놀이에 적절한 멘트나 정보를 제공하면서 상호작용을 시도하기 때문이다.

인기도나 우정은 사회측정학 방법(sociometric method)을 통해 파악할 수 있다. 사회측정학 방법을 사용한 또래연구는 대략 120여 년 전, Monroe(1898)의 연구가 그 시초라고 할 수 있다. Monroe는 2,336명의 학령기 어린이들을 대상으로, 친한 친구가 누구인지 조사하고, 그 아이들의 특성에 따라 사회 · 정서적으로 유능한 아이들을 구분하였다. 사회측정학 방법에서는 개별 유아, 혹은 아동에게 '누구를 가장 좋아해?' 혹은 '너는 누구를 가장 싫어해?'를 묻고, 이를 통해 또래수용이나 또래거부를 파악한다. 이러한 사회측정학 방법은 이후 Moreno(1942)에 의해 연구되어 오다가, Coie, Dodge와 Coppotelli(1982)에 의해 보다 구체화되었다. Coie와 동료들은 한 아이가 같은 학급 내 혹은 또래집단으로부터 받은 또래수용, 또래거부의 횟수를 각 계산하여, 이 아이의 또래지위(peer status)를 구분하였다. 또래지위는 5가지가 있는데, 인기아, 거부아, 무시아, 양면아, 평균아로 구분되며, 이 중 인기아는 사회 · 정서적으로 유능한 아이라는 의미와 거의 동일시되었다.

이러한 또래지위 구분법은 아이들이 속한 또래지위에 따라, 그 아이의 사회·정서적 유능성의 정도를 한눈에 구분할 수 있는 장점이 있다. 또한 교사 입장에서는 또래집단 내에서 누구를 더 눈여겨보아야 할지, 누구에게 도움을 제공해야 할지 등을 결정하는 준거가 되기도 한다.

그런데, 이러한 방식은 또래집단 내에서 거부당하거나 무시당하는 아이의 경우, 또래관계를 형성할 때 발생하는 어려움이 어디서 오는지, 무엇 때문인지, 그래서 어떻게 도와주어야 하는지 등에 대한 구체적인 정보를 주지 않는다(Rose-Krasnor, 1997).

더불어, 친구들에게 인기를 얻기 위해 사용하는 기술은 관계를 맺고 유지하는 기술과는 다를 수 있다(Rose-Krasnor, 1997). 친구들로부터 주목을 받기 위해 유치원에서 스티커를 나누어 주거나 유행하는 캐릭터가 새겨진 신발을 신고 오는 것은 친구의 슬픔에 공감하고, 위로해주며, 친구를 위해 자신의 것을 양보하는 것과는 다른 차원의 행동이다. 관계를 유지하는 능력을 알아보기 위해서는 인기보다는 '우정'의 측면에서 살펴보는 것이 도움이 된다.

우정: '우린 서로 좋아해요'

'우정'은 '인기도'와는 다른 관계의 질(quality)적인 측면으로, 인기도는 한 아이에 대한 여러 아이들의 관점, 즉 일방적인 방향을 지니는 것이고 그에 반해, 우정은 두 아이들 간에 서로 좋아하는 것을 말한다. 즉, 양방향적인 특성을 지니기에 인기가 높지 않아도 우정의 관계가 존재하는 경우, 사회·정서적으로 유능하다고 볼 수 있는 것이다. 사실 우정을 유지하기 위해서는 관계를 맺는 능력뿐 아니라, 관계를 오랜 시간 동안 유지하는 능력이 매우 중요한데, 이는 매우 고도의 사회·정서적 능력을 필요로 한다.

우정은 앞서 말한 사회측정학 방법으로도 알 수 있는데, 각 아이에게 '누가 가장 좋은지'를 묻고, 어떤 아이 둘이 서로를 지목했다면, 이 둘 사이에 우정이 존재하는 것으로 본다. 또한 이러한 상호적 관계가 얼마나 지속되고 있는가에 따라 관계를 유지하는 능력을 짐작해볼 수 있다. 최근에는 우정에 대한 연구가 점차 많이 이루어지고 있지만, 아직 많은 연구들이 '우정'보다는 '인기'에 치중되어 이루어지고 있다.

현재, 또래관계를 중심으로 한 연구는 사회적 상호작용, 일대일 관계, 집단관계 등의 차원으로 확장되었다. 또래와 긍정적인 관계를 유지할 수 있는 유아는 앞으로 펼쳐질 사회적 세계에서 잘 살아남을 수 있다는 좋은 신호가 된다. 또래들 간에 긍정적인 평판이 굳어지고, 학령기에도 지속되면, 이후의 정신건강이나 웰빙의 아주 중요한 예측변인이 된다는 측면에서 사회·정서 유능감을 또래관계의 관점에서 바라보는 것은 매우 유용하다(Denham & Holt, 1993; Robins & Rutter, 1990).

국내에서도 관계적 접근에 기초한 사회·정서 유능감 연구는 1990년대부터 나타나기 시작했으며 조금씩 증가되고 있다.

그런데 관계에 기초한 사회 · 정서 유능감에서는, 또래지위가 사회 · 정서 유능감을 나타내주는 지표가 되는지, 아니면 사회 · 정서 유능감 자체가 되는지에 대해 명확하게 설명하고 있지 않다. 많은 연구들을 살펴볼 때, 우정이나 친구관계 자체를 사회 · 정서적 유능감으로 보기보다는, 사회 · 정서적 유능감으로 인하여 형성되는 '관계'로 바라보는 관점이 더 우세한 듯 하다. 또래관계적 관점에서 접근한 연구물들은 사회 · 정서적 유능감을 눈에 보이는 지표로 나타내주었다는 점에서 중요한 의미가 있다.

집단 내 기능에 기초한 접근

기능(function)적 관점에서 사회 · 정서 유능감을 바라보는 연구들은 사회적 행동의 결과에 초점을 둔다. 이 관점은 사회적 행동이 그 상황에서 어떠한 역할 · 기능을 했는지, 어떠한 결과를 도출했는지에 따라 그 행동이 적응적인지 비적응적인지를 파악하고자 한다. 즉, 개인의 행동에 대해 상대가 어떠한 반응을 보였는지에 따라 그 행동의 성공과 실패를 평가한다. 또한 매우 맥락의존적이다. 대표적으로 Crick과 Dodge가 제안한 사회정보처리 모델(Social Information Processing model: SIP)을 들 수 있다(Crick & Dodge, 1994). SIP 모델은 사회 · 정서적 유능성을 사회인지 처리과정의 결과로서 바라본다.

SIP 모델에서는 한 개인의 머릿속에 사회적 정보를 입력하고, 해석, 처리하는 과정에서 사회 · 정서 유능감이 결정된다고 본다. SIP에서는 다섯 단계의 처리과정을 거친다.

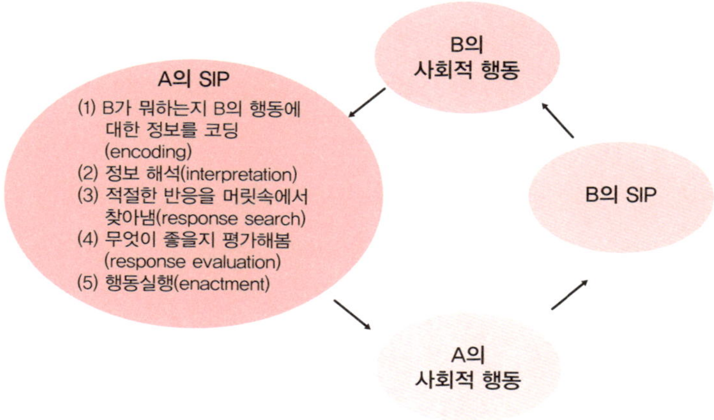

그림 2-3 사회정보처리과정
(출처: Dodge et al.(1986)에서 발췌 및 수정)

먼저 1단계에서는 사회적 상황에서 발생하는 신호를 머릿속에 입력하여 부호화한다. 그 다음 신호를 해석하는 2단계로 넘어간다. 2단계에서는 그 신호의 의미가 무엇인지, 이 상황이 왜 발생하였는지, 신호와 관련한 사회적 의미를 추론한다. 3단계에서는 적절한 반응을 찾아내는데, 여러 가지 가능한 반응을 고려한다. 4단계에서는 여러 가지 가능한 반응을 각 평가해보고 가장 적절한 것 같은 반응을 선택하게 되며, 그 다음 5단계에서는 실행으로 옮긴다. 예를 들어 설명해보면, 멀리서 어떤 아이가 자신을 쳐다보며 소리를 지르고 있다. 부호화과정에서는 '어, ○○가 나를 보고 뭐라고 말하고/소리치고 있네'(1단계), 그 다음 '왜 그러지, 나보고 저쪽으로 오라는 건가?', '나한테 화내고 있는 것인가?' 등 신호를 보낸 상대의 의중을 헤아리려고 한다(2단계). 3단계에서는 자기가 취해야 할, 보내야 할 적절한 반응을 고려해본다. '반갑다고 나도 말해야지', '너 왜 나한테 소리 질러!', '그냥 피할까?' 등 다양한 반응을 고려한다. 4단계에서는 각 반응을 하면 어떠한 결과가 나올지 추측해본다. '내가 피하면 저 아이가 쫓아오려나', '나도 같이 소리 지르면, 저 아이가 다음부터는 나한테 소리를 안 지르려나', '가서 물어볼까' 등을 고려하고, 그 중에서 자신이 가장 적절하다고 생각되는 반응을 선택하여 마지막으로 실행에 옮기게 된다. 이 중에서 가장 중요한 단계는 어디일까. 바로 2단계 '해석'이다. 상대의 말과 행동을 잘못 해석하는 것, 흔히 '오해'라 일컫는 것이다. 우리가 언쟁을 벌일 때 하는 말이 흔히 '너는 왜 내 말을 그렇게 듣니?', '어떻게 그렇게 생각을 하지?'와 같은 말이다.

사회 · 정서적으로 유능한 아이는 상대의 의도를 '오해'하지 않는다. 상대의 뜻을 정확하게 헤아리고, 그에 맞는 반응을 찾아서 행동에 옮긴다. 반면, 상대가 반가워서 소리치는 것을 나에게 욕을 하거나, 놀린다고 생각한다면 3, 4, 5단계에서의 반응은 적절하지 않은 것으로 나타나게 된다. 두 번째 단추가 잘못 끼워지면 그 이후는 모조리 잘못될 수밖에 없다. 사회 · 정서적 유능감을 특정한 맥락에서 상대의 의도를 정확하게 파악하고, 그에 맞게 반응하는 것으로 바라보는 기능적 관점에서 바라보는 것이다.

SIP 모델은 사회 · 정서적으로 부족한 아이들의 개인적 능력을 함양하는 데 많은 기여를 하고 있다. 즉 2단계를 잘 이행하지 못하는 아이들의 문제점을 파악하고 이를 돕기 위한 구체적 방안을 제시하여 그들의 사회 · 정서 유능감을 높이고자 하는 것이다.

사회 · 정서 유능감에서 행동의 결과를 중시하는 또 다른 관점으로는 진화론적 관점(evolutionary perspective)이 있다. 이 관점은 동물행동학적 관점에서 파생된 것으로도 볼 수 있다. 대표적으로 Hawley의 자원제어이론(Resource Control Theory: RCT)을 들 수 있다. 이 관점에서는 집단 내에서 인기가 있고, 사회적으로 유능하다고 여겨지는 사람의 경우, 개인의 목적 달성을 위하여 친사회적인 행동뿐 아니라 공격적인 행동도 함께 사용하는 것으로 본다.

개인의 목적은 자신이 원하는 자원(resource)을 획득하거나 유지하는 것이며, 이때 자원은 놀잇감과 같은 물리적인 것뿐 아니라 명성, 인기도, 또래들의 관심과 같은 추상적인 것일 수도 있다. 흥미로운 점은 사회적 기술에 기초한 관점, 관계에 기초한 관점에서는 친사회적 기술이나 긍정적 상호작용을 모두 사회 · 정서적으로 유능하다고 보는 반면, RCT에서는 반사회적이거나 강압적인 행동공격적 행동도 사회 · 정서적으로 유능함을 드러내 보이는 수단이 된다고 보고 있다. RCT 이론에 따르면, 사회 · 정서적으로 유능한 아이들은 자신의 목적을 이루기 위해 친사회적 · 강압적 행동을 번갈아 사용한다는 것이다. 이는 유아기에도 이미 나타난다. 예를 들어, 학급에서 인기 있는 아이가 때로는 놀이 중 역할을 일방적으로 명령하기도 하고, 놀이에 끼워주지 않겠다며 다른 아이를 협박하기도 한다. 어떤 때는 자신의 뜻에 따르게 하기 위해 다른 아이에게 친절을 베풀기도 한다(이승하, 2017; Hawley, 2002; Lee, 2020).

기능적 접근에 기초한 사회 · 정서 유능감 연구는 대략 20여 년 넘게 이루어져 왔으나, RCT이론의 경우 국내에서는 거의 연구되어 오지 않았다. 기능적 접근에 기초한 사회 · 정서 유능감 연구는 사회 · 정서 유능감의 효율성, 상대의 반응을 중시한다는 측면에서 유용하다. 그런데 과연 사회적 행동의 성패는 도대체 어느 정도까지인지, 얼마 만큼이 성공이라 할 수 있는지 결정하기 어렵다.

예를 들어, 관찰을 활용한 연구에서 한 아이의 사회적 유능성이 얼마 만큼이라고 볼 수 있는가? 유아가 시도한 행동 전체 중 60% 정도가 성공적이었다면, 사회 · 정서적으로 유능하다고 할 수 있는가(Rose-Krasnor, 1997)? 아니면 행동의 사회적 결과(타인에게 미친 결과)와 상관없이 본인이 그 행동에 대해 만족한다면 긍정적 결과를 보여준다고 할 수 있는가? 이 관점에서는 사회 · 정서적으로 유능하다는 것이 성공적인 결과를 낳은 행동의 확률인지, 아니면 주관적인 만족감인지 불분명하다.

이상 사회 · 정서 유능감에 대한 연구를 사회적 기술, 또래관계, 기능적 관점의 세 가지 측면으로 나누어 살펴보았다. 이 접근들은 서로 중간 정도의 상관관계를(moderate relationships) 보인다(Rose-Krasnor, 1997). 즉, 세 가지 접근법이 완전히 상이한 것은 아니지만, 서로 다른 관점을 반영하고 있음을 의미한다.

또한, 사회 · 정서 유능감을 측정하는 사람이 누구인지(교사, 부모, 또래, 자신), 어떤 행동을 측정하는지, 어떤 상황에 측정하는지에 따라 다를 수 있다. 같은 행동도 여러 상황에 따라 다르게 여겨질 수 있다. 예를 들면, 신중하다고 여겨지는 특성이 때로는(예: 긴급한 상황에서는) 우유부단함으로 여겨질 수도 있다. 사회 · 정서 유능감은 맥락의존적이며, 맥락의존성은 기능적 관점에서 가장 영향력을 발휘한다. 반면 사회적 기술에 근거한 연구들은 뚜렷한 행동지표가 있으나, 맥락을 반영하지는 않는다. 그리하여, 이 세 가지 접근방식은 서로 대비된다기보다는 보완적이다. 인기와 같은 또래 내의 지위는 사회적 상호작용에 영향을 받게 되는데, 이는 사회적 기술을 특정 상황에 적절하게 사용할 수 있는지와 깊은 관련이 있다. 즉 관계를 중심으로 하는 관점은 결국 사회적 기술(사회적 기술 관점)과 사회적 기술사용의 결과(기능적 관점)와도 밀접한 관련이 있는 것이다. 다만, 이러한 다양한 관점은 사회 · 정서 유능성 분석의 초점을 다양하게 하여, 사회 · 정서 유능성에 대한 폭넓은 이해를 가능케 한다.

닫는 글

사회 · 정서 유능감의 개념을 능력이나 재능이 있다는 효율성의 측면에서 볼 것인지, 아니면 인간의 사회적 세계에서 추구되어야 하는 도덕적 가치나, 태도를 포함하는 과정 · 가치적인 측면에서 볼 것인지에 따라 연구의 목적, 방향, 시사점이 다르게 주어질 것이다. 따라서 유능감의 개념에 대하여 조금 더 다각도로 생각해볼 필요가 있다. 사회 · 정서 유능감의 개념을 무엇으로 보느냐에 따라 어떠한 측면을 측정할 것인지도 다르고 그것으로 특정 아이가 사회적으로 '유능하다'고 판단하는 의미도 다를 것이다.

수많은 연구, 흐름, 변화에도 불구, 사회 · 정서 유능감에 대한 개념화는 지금까지도 합의를 이루지 못하고 있다. 다양한 용어를 사용해왔으며, 현재까지도 일치된 용어를 사용하지 않고 있다. 사회 · 정서 유능감을 공부할 때, '왜 이 용어를 선택했을지'에 대한 고민은 간과한 채, 그저 우연히 선택하거나 주어진 대로 공부하는 경우가 빈번하였다. 어떤 때에는 또래유능, 어떤 때는 사회적 유능, 어떤 때는 정서지능 등을 사용하면서 각 개념에 대한 고민이 없다면, 사회 · 정서 유능감 연구에 있어서 '장님 코끼리 만지기'식이 될 수 있다. 내가 만지고 있는 대상이 코끼리라는 것은 맞지만, 그것이 코끼리의 어느 부분에 해당하는지 알 수가 없는 것이다.

더불어, 앞으로는 유아의 사회 · 정서 유능감을 개인의 사회적 기술로만 고려하기보다는, 상대가 누구인지에 따라 다르게 발현되는 사회적 기술이나 행동을 생각해볼 필요가 있다(partner effect). 그 상대는 성인이거나 또래, 잘 아는 사람과 그렇지 못한 사람 등 다양할 수 있다. 왜냐하면 유아는 현실세계에서는 많은 사람들을 만나며, 이들과 상호작용을 '원만하게' 이루어내야 하기 때문이다.

생각해 봅시다

우리 반에 다른 아이를 자꾸 때리거나 따돌리는 아이들이 있다. A는 자신의 뜻을 따르지 않을 때 다른 아이를 놀이에 끼워주지 않거나, 때리기도 한다. 그러나 A는 때로 다른 아이의 기분을 이해하는 것처럼 보이고, 친절을 베풀기도 하며, 학급에서 인기도 있다. B는 충동적으로 다른 아이를 때리며, 소리를 지른다. 하지만 다른 아이를 의도적으로 괴롭히지는 않는다. B는 친사회적 행동을 거의 하지 않으며 학급 내 친구가 많지 않다. B는 다른 아이의 의도를 오해해서 충동적으로 때리는 경우가 잦다. A는 B에 비해 사회 · 정서적으로 유능한 것일까? 사회 · 정서적으로 유능하다고 도덕적으로 올바른 것일까? A와 B의 지도방식은 어떻게 달라야 할까?

한 번 더 읽어볼 만한 책

미치 프린스턴 (2018). **모두가 인기를 원한다** (김아영 역). 서울: 위즈덤하우스.

참고문헌

이승하 (2017). 유아의 공격성, 지배력과 또래관계와의 관련성: 성별을 중심으로. **학습자중심교과교육연구**, 17, 375-393.

Arnold, K. H., & Lindner-Müller, C. (2012). Assessment and development of social competence: introduction to the special issue. *Journal for educational research online*, *4*(1), 7-19.

Asher, S. R., & McDonald, K. L. (2009). The behavioral basis of acceptance, rejection, and perceived popularity. *Handbook of peer interactions, relationships, and groups*, 232-248.

Coie, J. D., Dodge, K. A., & Coppotelli, H. (1982). Dimensions and types of social status: A cross-age perspective. *Developmental psychology*, *18*(4), 557-570.

Contarello, A., & Volpato, C. (1991). Images of friendship: Literary depictions through the ages. *Journal of Social and Personal Relationships*, *8*(1), 49-75.

Coplan, R. J., DeBow, A., Schneider, B. H., & Graham, A. A. (2009). The social behaviours of inhibited children in and out of preschool. *British Journal of Developmental Psychology*, *27*(4), 891-905.

Crick, N. R., & Dodge, K. A. (1994). A review and reformulation of social information-processing mechanisms in children's social adjustment. *Psychological bulletin*, *115*(1), 74-101.

Denham, S. A., & Holt, R. W. (1993). Preschoolers' likability as cause or consequence of their social behavior. *Developmental Psychology*, *29*(2), 271-275.

Dodge, K. A., Pettit, G. S., McGlaskey, C. L., & Brown, M. M. (1986). Social competence in children. *Monographs of the Society for Research in Child Development, 51*, 1917-1931.

Eisenberg, N. (2014). *Altruistic emotion, cognition, and behavior (PLE: Emotion)*.

Hove: Psychology Press.

Hawley, P. H. (2002). Social dominance and prosocial and coercive strategies of resource control in preschoolers. *International Journal of Behavioral Development, 26*(2), 167–176.

Kanning, U. P., & Horenburg, M. (2014). Social Competence—an Overview of Contemporary Research and Practice. *Вісник Одеського національного університету. Психологія*, (19, В и п . 2), 141–153.

Kihlstrom, J. F., & Cantor, N. (2011). Social intelligence. In R. J. Sternberg (Ed.,) *Cambridge handbook of intelligence.* New York: Cambridge University Press.

Lee, S–H. (2020). Kindergarten Teachers' Perspectives on Young Children's Bullying Roles in Relation to Dominance and Peer Relationships: A Short–Term Longitudinal Approach in South Korea. *International Journal of Environmental Research and Public Health, 17*(5), 1734. doi.org/10.3390/ijerph17051734

McFall, R. M. (1982). A review and reformulation of the concept of social skills. *Behavioral assessment, 4*, 1–33.

Monroe, W. S. (1898). Social consciousness in children. *Psychological Review, 5*, 68–70.

Moreno, F. (1942). Sociometric status of children in a nursery school group. *Sociometry, 5*, 395 – 411.

Newcomb, A. F., Bukowski, W. M., & Pattee, L. (1993). Children's peer relations: A meta–analytic review of popular, rejected, neglected, controversial, and average sociometric status. *Psychological bulletin, 113*(1), 99–128.

Robins, L. N., & Rutter, M. (Eds.). (1990). *Straight and devious pathways from childhood to adulthood*. Cambridge: Cambridge University Press.

Rose-Krasnor, L. (1997). The nature of social competence: A theoretical review. *Social development, 6*(1), 111–135.

Schneider, B. (2016). *Childhood friendships and peer relations: Friends and enemies*. New York, NY: Routledge.

사회 · 정서 유능감이 뛰어난

CHAPTER 3

유아들은 또 무엇이 빛날까?

사회 · 정서
유능감이
뛰어난
유아들은
또
무엇이
빛날까?

여는 글

미래 세대인 유아들이 어떤 아이로 성장하면 좋을 것인지 유아교육자라면 누구나 한 번쯤은 깊이 고민해 보는 주제이다. 양보를 잘하는 아이라면? 누구나가 다 좋아하는 아이라면? 제시된 두 가지 유형의 아이들 즉, 양보도 잘하고, 모든 사람들이 좋아하는 아이에 대해 일정 부분 동감하지만, 양보 잘하는 것과 모든 사람이 좋아하는 아이로 성장하는 것만으로는 2% 정도 부족함이 있다고 느낄 것이다. 양보를 잘하고 누구나 좋아하는 아이로 성장하는 것도 좋지만, 세상 사람들이 다 좋아할 수는 없는 일이고 때로는 상식적인 수준에서 거절도 필요하고 거절을 당할지라도 상처받지 않을 단단한 마음이 필요함을 알기 때문이다.

그렇다면 좀 더 구체적으로 몸과 마음이 건강한 아이라면?

주변에서 일어나는 어떤 어려움에도 흔들리지 않을 정도의 내력을 지닌 아이라면?, 먼저 마음의 문을 열고 관계 속으로 들어갈 줄 아는 유아라면? 이는 미래 세대의 주역으로 목표를 정할 만할 것이다. 이는 사회 · 정서 유능감으로 명명할 수 있다.

사회적 · 정서적 역량을 포괄하는 유아기 사회 · 정서적 유능감은 학업성취도에도 영향을 미친다고 보고한 연구들 역시 다수가 존재한다(김선영, 안선희, 2006; 염미애, 문혁준, 2008; O'Malley, 1997: Rhoades, Warren, Domitrovich, & Greenberg, 2011). 이 외에도 유아기 사회 · 정서적 역량은 추후 아동기와 청소년기의 학업성취도(Izard, Trentacosta, King, & Mostow, 2004) 그리고 언어, 인지, 신체발달 행동 등을 포함하는 인지발달(지성애, 김성현, 2015; Havighurst, Wilson, Harley, Kehoe, Efron, & Prior, 2013)뿐만 아니라 청소년기에 걸쳐 누적적으로 문제행동을 예측하는 영향력 있는 변인(Webster-Stratton & Reid, 2004)이라는 점에서 그 중요성을 찾아볼 수 있다.

사회 · 정서 유능감이 높은 유아라면 개인의 이러한 특성, 특질, 기술 중에서 어떤 변인이 또 반짝 반짝 빛날지 궁금해진다. 이러한 변인들을 탐색해 본다면 보다 사회 · 정서 유능감의 중요성에 대해 명확히 인식하게 되고, 유아들이 사회적 관계를 이해하고 마음을 단단히 다진 후, 어떻게 대처할 것인지 연습하는 데 보다 도움이 될 것이다.

본 장에서는 사회 · 정서 유능감의 상관이 높은 변인으로 연구되고 있는 학교적응력을 기점으로 인지적 측면에서의 학습준비도와 학업성취도와의 관련성을 알아볼 것이다. 또한, 사회 · 정서 유능감과 학업성취와의 직접적인 관계에서 어떠한 보호 요인이 있는지 정리해 보고자 한다. 그리고 인지발달과 지능, 언어능력 간의 관련성과 학자들이 주목하고 있는 관련 변인들에 대해 살펴보고자 한다.

사회 · 정서 유능감이 좋은 아이들은 초등학교에 가서도 잘 적응할까?

> "왜 그러니, 할리?" 선생님이 내 옆에서 무릎을 꿇고 앉아서 물었어요.
> "쓰기도 힘들고, 쉬는 시간도 쪼금이고 이야기도 끝이 이상해요. 전 1학년이 싫어요."
> 선생님이 생긋 웃었어요. 어, 그런데 웃는 얼굴이 정말 예쁘지 뭐예요.

(발췌: 메리앤 로드맨, 베스 스피겔(2007). 1학년이 최고야! 서울: 좋은책 어린이)

초등학교로 새로운 출발을 하는 영유아들에게 무엇보다 중요한 변인 중의 하나는 학교에 잘 적응할 것인지를 나타내는

학교적응력이다. 초등학교에 들어가면 부모들 대부분은 아이들의 학습을 우선시하고, 이를 신경 쓰는 경우가 많지만 실제로 교육전문가들은 초등학교에 적응하도록 하는 것이 우선시되어야 함을 강조한다.

유아의 어떤 특징이 영유아의 학교적응력을 가장 잘 설명해줄 수 있는가? 어떠한 특성이나 특질, 기질을 지닌 유아가 초등학교에 가서 적응을 잘할 것인가에 대한 의문이 남는다. 학자들의 꾸준한 연구 결과, 인지발달이나 일반지식과 관련한 학교준비도는 학교적응에 그다지 크게 영향을 미치지 않음을 보여주었다(김선영, 안선희, 2006; 이보경, 김지은, 2019; 염미애, 문혁준, 2008; McClelland & Morrison, 2003; Rimm-Kaufman, Pianta, & Cox, 2000).

즉, 유아의 학교적응력에 영향을 미치는 주요 변인은 인지적 능력보다 사회 · 정서 능력이라는 것이다. 초등학교 1학년 아동의 학교적응에는 사회 · 정서적 측면의 준비가 중요하고, 초등학교와 같은 새로운 환경에 대한 유아의 적응력을 향상시키기 위해서는 입학 후 만나게 되는 또래와 교사 그리고 자신의 정서를 이해하고 조절하는 사회 · 정서 유능감이 무엇보다 중요하다는 것이다(이보경, 김지은, 2019).

유아교육기관 내에서 교사들은 유아들의 사회 · 정서적 유능감이 부족할 경우 어려움에 직면하게 된다. 유치원 유아의 10~20% 정도가 일반적으로 정서적 그리고 행동적 문제를 지녔다고 보고되고 있다(Egger & Angold, 2006). 유아교육기관에서 또래들과 긍정적인 상호작용을 하기 위해서는 차례 지키기,

나누기, 공유하기, 협력하기 등이 필요하다. 다양한 사회적 기술을 지닌 유아들은 또래와의 갈등을 효과적으로 처리할 수 있으며, 이러한 유아들은 결과적으로 사회 · 정서적 유능감이 높은 것으로 나타났다(Denham & Burton, 2003).

유아의 사회 · 정서 유능감과 관련된 연구들을 살펴보면, 유아기 때 사회적 유능감이 긍정적으로 발달한 유아는 독립적이고, 성취 지향적이며, 또래나 성인에게 반응적이고 규칙에 잘 순응하는 특징을 지니는 등 성장하면서 또래나 성인과의 공감적인 상호작용을 포함한 다양한 사회적 행동들을 확장시켜 나아가게 된다(Johnson, Christie, & Yawkey, 1999). 사회적으로 유능한 유아는 다른 사람들과 상호작용할 때 더 성공적이고 인기아인 경우가 많으며, 삶에 대한 만족도를 바탕으로 긍정적인 사회적 관계를 맺어 나가며, 학교에서 더 높은 성취를 보여준다(Kostelnik, Whiren, Soderman, & Gregory, 2009). 사회적 유능감이 높은 유아는 그렇지 못한 유아보다 사회적 소속감, 인지발달 수준 및 자아존중감이 높으며, 대인관계기술을 가지고 있어 학교 부적응이나 공격적인 행동 등에 대해 덜 민감한 것으로 나타났다(이혜원, 2005). 또한, 학교와 가정에서 갈등이 적고 스트레스에도 효율적으로 대처할 수 있는 것으로 보고된다(Ford, 1992). 사회적 유능감은 이후 유아가 성장하여 학교생활을 준비하는 과정에서 가장 중요한 척도가 되기도 한다(Shonkoff & Phillips, 2000; Ladd, Kochenderfer, & Coleman, 1996).

반면에, 사회적 유능감이 미흡한 아동은 학업실패, 공격적 행동 등의 학교생활 부적응과 관련된 행동의 특성을 나타낸다(Ford, 1992). 또한 화나 분노, 슬픔을 반복적으로 표현하게 되고 이로 인해 또래에게 종종 거부당하는 것으로 이어진다. 결국, 이러한 유아는 자신의 사회적 기술을 발달시킬 수 있는 기회를 상실하게 되는데(Denham & Mckinley, 1993), 낮은 사회적 기술로 인해 다시 또래에게 거부되는 악순환에 빠지게 된다. 사회적 유능감이 부족한 유아는 낮은 자아개념, 또래거부 등 발달적 어려움을 가지며, 이후의 삶에서 부적응을 보일 우려가 있다(Crick, 1996). 또한 사회적 유능감이 낮은 유아는 친구들에게 놀림감이 되고 일상생활과 집단생활에서의 부적응, 학업의 어려움이나 청소년 비행, 약물복용과 같은 연속적인 문제들을 겪을 위험뿐만 아니라 이후의 삶에서 정신병리에 노출되거나 직업을 구하는 데 실패할 수 있다는 연구결과(Bowman, Donovan, & Burns, 2001)도 있다. Katz와 McClellan(1997) 역시 지난 20년 동안의 연구결과를 정리하여, 유아가 6세경까지 최소한의 사회성 발달을 이루지 못한다면 전 생애에 걸쳐 사회적 관계에서의 위험성에 노출될 가능성이 크다고 보고하였다.

사회 · 정서적 유능감은 또래관계뿐만 아니라 교사와의 관계에도 영향을 미친다. 사회 · 정서적 유능감이 부족한 유아들은 교사들로부터 부정적인 피드백을 받게 되고, 긍정적인 칭찬은 거의 들을 수 없으며, 강압적으로 중재받게 된다(Campbell, Ramsey, Pungello, Sparling, & Miller-Johnson, 2002). 더구나 유아기에 교사가 적절히 중재하지 않는다면, 사회 · 정서적 발달 지연을 겪는 유아들은 추후 유아기와 청소년기까지 문제가 지속될 수 있고(Campbell, 1995; Lavigne, Arend, Rosenbaum, Binns, Christoffel, & Gibbons, 1998), 학교 안에서 사회적 · 학업적 문제, 학교 중도 탈락 그리고 심지어 성인이 되어서 감옥에 가는(adult incarceration) 것까지 유기적으로 연결될 수 있음을 우려하고 있다(Dunlap, Strain, Fox, Carta, Conroy, Smith et al., 2006).

따라서 유아기에 형성된 사회 · 정서적 측면은 추후 아동기와 성인기의 사회적 성공과 실패를 예측하는 중요한 지표가 되는 능력이며 많은 학자들에 의해 사회 · 정서적 유능감과 학교적응력 간의 관계가 연구되어 오고 있다(강수령, 이경님, 2001; 김수정, 곽금주, 2010; 문은식, 2002; 박은영, 2011; 염미애, 문혁준, 2008; 이강훈, 2018; 이보경, 김지은, 2019; 이상희, 오새니, 2019; 이순아, 임선아, 2019; 이지영, 이상희, 2019; Crick, 1996; Gresham, 2002; McClellan & Katz, 2001).

행동과 정서를 사회적 기대에 부응하는 방식으로 조절하는 능력은 사회 · 정서적 유능감을 구성하는 핵심 요소이며, 특히 유아기 동안 중요한 것으로서 유치원 시기 동안 학교적응력과 성취감을 형성하는 데 결정적인 역할을 하는 것으로 나타났다(Howse, Calkins, Anastopoulos, Keane, & Shelton, 2003; Shields, Dickstein, Seifer, Giusti, Magee, & Spritz, 2001). 사회적 유능감이 발달한 유아일수록 다양한 사회적 관계를 형성하고, 정상적으로 성장해나가며, 공격적인 행동을 덜 보이고 사회적으로 위축되지 않아 다른 사람과의 관계 혹은 생활에서 직면하는 문제에 효율적으로 대처할 수 있다(Raver & Ziegler, 1997). 사회 · 정서적으로 유능한 유아는 이러한 점에서 학교적응과 관련을 지어볼 수 있을 것이다. McClellan와 Katz(2001) 역시 사회적 유능감이 높은 유아가 다른 사람과 상호작용할 때 더 성공적이며, 인기가 많고, 긍정적인 사회적 관계를 맺으면서, 결과적으로 교육기관에 잘 적응한다고 하였다.

반면, 사회·정서적 유능감이 낮은 유아들은 주변의 반응이나 내면의 욕구에 민감하지 않아 이를 대처할 다양한 대안을 고려하지 못하고 충동적으로 반응하는 성향이 있다(De Young, 2013). 이들은 또래와 갈등을 겪을 뿐 아니라 이를 해결하기 위한 적절한 해결방법 찾는 것을 어려워하여 신체적 혹은 언어적으로 공격적인 행동을 동원하여 해결하려 하기 때문에 결국 문제행동으로 돌출되기도 한다(Denham & Burton, 2003). 사회적 유능감이 낮은 유아들은 긍정적인 사회적 관계를 형성하고 유지하는 데 어려움을 느끼며, 또래에게 거부되고, 이후의 삶에서 부적응 행동을 보일 가능성도 큰 것으로 나타났다(Crick, 1996). 나아가 적절한 사회적, 자기통제 기술 없이 초등학교에 입학한 유아들은 학교에서 적응의 어려움을 겪게 되고, 심지어 또래거부와 낮은 학업 성취도를 보이는 것으로 나타났다(McClelland, Cameron, Wanless, & Murray, 2007).

또한 사회적 유능감이 부족한 유아는 자신에 대해 부정적인 자아개념을 갖게 되거나 또래에게 거부되는 등 발달적 어려움을 가지게 되어(Crick & Grotpeter, 1996; Schaffer, 2000), 이러한 어려움은 부정적 영향력으로 연결될 수 있다. 따라서

Gresham(2002)은 사회적 유능감이 낮은 유아의 경우, 또래 수용 및 의미 있는 동료관계 그리고 성취에 있어 어려움을 겪으며, 이러한 부정적인 경험은 타인과의 교감 있는 만족스러운 상호관계 형성 및 추후 학교적응에까지 영향을 미친다고 제기한 바 있다.

많은 연구들에서 사회적 유능감이 높은 아동이 일반적으로 학교적응을 잘하는 것으로 보고하고 있다(강수령, 이경님, 2001; 김선영, 안선희, 2006; 김태은, 2011; 박유영, 홍지명, 2010; 이강훈, 2018; 염미해, 문혁준, 2008; 이지영, 이상희, 2019; 이순아, 임선아, 2019; 정미라, 박희숙, 2010; 정근혜, 2019). 먼저, 강수령과 이경님(2001)은 또래의 괴롭힘과 사회적 유능감이 학교적응에의 유의미한 영향 요인이라고 보았고, 이강훈(2018)과 정근혜(2019) 역시 유아의 사회적 유능감은 초등학교 적응에 직접적인 영향을 미치는 변인으로 간주하였으며, 정미라, 박희숙(2010)은 유아의 사회적 유능감이 높을수록, 개인의 정서조절능력이 향상되고 친사회적 능력과 대인관계기술이 높아져 결과적으로 기관에서의 적응력을 높일 수 있다고 하였다. 박유영과 홍지명(2010)이 유치원에 적응을 잘하는 원아를 연구한 결과, 정서지능이 높고 사회적 유능감이 높은 유아가 기관에 잘 적응하는 것으로 나타나 이는 결과적으로 사회적 유능감과 관련이 있음을 밝히고 있다. 김선영과 안선희(2006)는 사회적 기술과 유능감이 발달한 아동일수록 입학 초기에 적응을 잘하였고, 학업성적 역시 우수함을 밝힌 바 있다. 김지수(2019)는 사회적 유능감이 높은 아동일수록 부정적 행동을 적게 하고 갈등이 발생되지 않도록 하여 친구나 교사와 긍정적인 상호작용을 함으로써 사회적 유능감이 낮은 아동보다 높은 학교적응력을 보인다고 하였다.

유아기 사회적 유능감이 초등학교 적응에 미치는 영향에 대해 분석한 이지영과 이상희(2019)는 초등학교 적응력과 유아기 사회적 유능감 중 협력성, 주장성, 자기통제 간에 유의미한 상관이 있으며, 사회적 유능감은 초등학교 적응력을 예측하는 변인이 됨을 지적하고 있다. 이는 유아기에 사회적 유능감이 높을수록 부정적인 행동보다는 다른 사람과의 관계에서 원활한 관계를 보이며, 긍정적인 자아개념뿐 아니라 학교생활에서 자신감을 갖게 되어 높은 학업성취도로 이어지고 초등학교에서 원활한 적응을 할 수 있는 예측 변인이 됨을 시사하였다. 특히 전체 학교적응 점수와 영역 간에 통계적으로 유의미한 정적 상관을 보인 사회적 유능감은 유아가 이후 초등학령기에 새로운 환경 변화에 적응하는 데 필수적이므로 유아기부터 사회적 유능감 관련 교육을 하는 것이 중요함을 시사하고 있다.

유아교육기관에서 초등학교로 전이한 초등학교 전환기 아동의 학교적응에 영향을 미치는 요인들을 탐색한 이순아, 임선아(2019)에 따르면 6세 유아의 학습준비도와 사회적 유능감은 유아가 초등학교에 입학하여 학교에서 적응하는 정도에 영향을 미치는 것으로 나타났다. 사회적 유능감은 학교적응에 직간접적인 영향을 미친다. 유아의 발달적 특성이 학교 성적이나 사회적 유능감에 영향을 미치고 이것이 학교적응에 영향을 주기도 하며, 때로는 유아의 사회적 유능감이 학업능력에 직접적으로 영향을 주기도 한다(정근혜, 2019). 이는 유아의 사회적 유능감이 높을수록 유아의 학업능력이 높을수록 유아의 초등학교 적응에 보다 긍정적인 영향을 미치는 것을 의미한다.

이와 더불어, 또래와의 낮은 수용성은 이들의 부족한 사회 · 정서적 역량과 관련이 있음을 밝힌 선행연구(김희태, 김정림, 이임순, 남연정, 2014; Blandon, Calkins, Grimm, Keane, & O'Brien, 2010)를 근거로, 사회적 유능감의 발달이 또래놀이 단절에 기인한 배회, 위축 등의 문제와 이들이 직면한 어려움으로부터 유아를 보호하고, 이는 궁극적으로 학교생활 준비를 원활하게 도울 것이라 볼 수 있다. 즉, 미시적인 놀이적 맥락 내 또래관계 상호작용의 단절 문제는 사회적 관계 내 인지적 · 정서적 · 행동적 차원을 아우르는 포괄적인 사회적 기술인 사회적 유능감이 완충적 역할을 하여 학교에서의 성공적인 적응을 높일 것이라 예측할 수 있다는 것이다(홍예지, 강수정, 이강이, 최나야, 2017).

종합해 보면, 유아기에 형성된 사회 · 정서 유능감은 또래 및 교사와의 긍정적인 관계 형성에 도움이 되고, 유아의 사회 · 정서적 유능감이 높을수록 기관에서의 적응 즉, 초등학교 적응뿐만 아니라 이후 사회에서도 적응할 가능성이 높다고 결론 내릴 수 있다. 또한 사회 · 정서 유능감이 낮은 유아의 경우 초등학교에서의 학교적응에 어려움을 겪을 가능성이 높고 이후 청년기와 성인이 되어서도 행동적 문제와 어려움, 사회적 부적응을 초래할 수 있음을 연구자들은 지적하고 있다. 사회적 행동이 발달한 아동은 또래와의 의견 조절이나 갈등해결 등의 또래 관계 영역에서 유능성을 발휘하며 집단생활에서 타인을 배려하고 조력할 줄 알고 교사의 지시나 제안에도 개방적이어서 또래 및 교사와 긍정적인 관계를 맺으며, 이러한 역량 자체가 사회 · 정서적 유능감의 토대가 됨을 유추해 볼 수 있다.

사회 · 정서 유능감이 좋은 아이들은 학업성취도와 밀접할까?

> 초등학교 1학년인 이수가 얼마 전 산수 시험지를 집으로 가져왔다. 점수는 50점. 엄마는 무려 10개나 틀린 시험지를 보고 깜짝 놀랐다. 수포자(수학포기자)가 될 것 같은 불안과 걱정이 갑자기 엄습해 왔다. 놀이터에서 놀지 못하게 하고 학원으로 돌려야 하나? 어느 수학 학원으로 가야 하나? 바빠지기 시작했다. 이수 아빠에게 이 사태를 말하자, 아빠는 "50점이면 괜찮네. 이수처럼 친구들과 잘 지내고 놀고, 그냥 재미있게 놀아도 돼. 그렇게 잘 지내는 아이들이 나중에 잘되는 경우도 많아. 초등학교 1학년 때 만년 꼴찌였던 내 친구도 지금 병원 개원해서 잘 살잖아."라고 말한다.

이 사례에서 학업 역량의 부족을 들어 걱정하는 엄마와 친구와 잘 지내며 행복하게 지내는 이수의 성취도도 점차 나아질 거라고 생각하는 아빠를 둔 이수네 가족 상황이다. 일반적으로 사회적 역량은 학업적 역량과 별개로 구분 지어 생각하는 경우가 많다. 이러한 일반적인 인식에도 불구하고 사회적 역량은 유아의 삶에서 중요한 부분으로 사회·정서적 역량에 결함이 있다는 것은 가족 내에서 관계뿐만 아니라 또래와의 관계에서도 유아의 삶의 질과 형태에 현저한 영향을 미친다. 친사회적 행동과 사회적 기술 그리고 정서적 역량은 또래와의 공감능력, 또래수용도에 영향을 미치며 나아가 이후의 학업적 능력 및 성공과 관련되는 것으로 보고된다(Wentzel, 1993).

일반적으로 사회적 유능감이 높은 유아는 자기 자신에 대해 만족하고, 다른 사람과 협력하고 자신의 생각을 다른 사람에게 명확하게 표현할 줄 알며, 장소나 상황에 맞게 스스로를 의도적으로 통제할 수 있어 학교에서의 학업 수행 활동을 잘할 수 있다(Denham, Bassett, Thayer, Mincic, Sirotkin & Zinsser, 2012). 또한 사회적으로 유능감이 높은 유아는 수업시간에 집중을 잘하고 또래들과 협력하여 문제해결을 잘하며 성취동기가 높다(Hyson, 1994). 교사의 지시에 잘 따르고, 수업 중에 집중력이 높으며, 다른 아이들과 함께 활동에 적극적으로 참여하고 자신의 의견을 명확하게 밝힐 수 있는 사회적 기술을 지녔으며, 학업능력이 우수하다는 것이다(Salmon, Evans, Moskowitz, Grouden, Parkes & Miller, 2013).

반면에, 사회적 유능감이 낮을수록 사회적 관계 형성에 어려움을 호소하고 자신감이 없으며 자기표현 및 다른 사람과의 협력이 부족하며, 학업에 흥미를 잃고 학업성취 및 학업능력이 낮을 수 있다는 것이다(Salmon et al., 2013). 기본적인 사회·정서적 유능감이 없는 유치원 유아들은 또래들과의 협상 기술이 부족하여 합의에 어려움이 있는 것으로 나타났다(Blair, 2002; Ladd, Birch, & Buhs, 1999). 왜냐하면 공격적 행동 패턴을 가진 유아일수록 또래 간 우정관계를 형성할 확률이 낮고, 또래로부터 거부당할 가능성이 크다(Raver, 2002). 더욱이 유치원 교사들은 협력적인 유아보다는 공격적인 유아에게 긍정적인 피드백을 줄 가능성이 더 줄어들기 때문이다(Arnold, McWilliams, & Arnold, 1998). 따라서 사회·정서적 역량 결함은 또래관계에서 부정적일 뿐만 아니라 교사와의 관계에도 부정적인 영향을 미칠 수 있다.

이에 대해 McCabe와 Altamura(2011)는 유아기 정서유능감 발달의 중요성을 강조하면서 유아기에 형성된 정서유능감은 문제행동을 예방하며 학업적·사회적으로 성공하기 위한 중요한 발달적 지표가 됨을 지적하였다. Denham 외 동료들(2012)도 유아기 사회적 능력은 학문적인 세계로 안내해 주는 중요한 예측자료임을 강조하며, 유아가 다른 또래와 상호작용을 하기 위해 사회적 유능감이 필요하고 이러한 사회적 유능감은 학교에서의 성공감과 직접적인 연관이 있다고 강조한 바 있다. Basstt 외 동료들(2012) 역시 유아의 사회적 유능감은 초기 학교생활에서 학습활동을 이끄는 등의 기초적인 학업능력에 의미 있는 역할을 한다고 주장한다. Ried(2004)는 유아가 자신의 정서와 행동을 관리하고 또래관계 속에서 우정을 지속하는 유아의 역량은 학교준비도와 학업성취에 중요한 사전 필수요건에 해당된다고 강조한다.

유아의 사회적 유능감은 학업능력에 직접적인 영향을 미치는 것으로 나타났다(정근혜, 2019). 함께 고려한 변인으로 어머니-유아 상호작용과 교사-유아 상호작용은 학업능력에 직접적인 영향을 미치지 않으나 유아의 사회적 유능감을 매개로 학업능력에 영향을 미치는 것으로 나타났다. 또래놀이 단절과 사회적 유능감과 학습준비도 간의 관계성을 파악한 홍예지, 안혜령, 이강이 그리고 최나야(2018)는 유아의 또래놀이 단절과 사회적 유능감 및 학습준비도의 모든 하위 요인인 사회 · 정서발달, 학습에 대한 태도, 의사소통이해 및 인지발달과 일반적 지식과 통계적으로 유의한 정적 관계가 있음을 보고한 바 있으며, 유아의 사회적 유능감 수준에 따라 또래놀이 단절이 학습준비도의 사회 · 정서발달, 학습에 대한 태도 및 의사소통이해에 미치는 영향이 다름을 확인하였다. 이와 같은 결과는 학령기로의 전이를 앞둔 만 5세 유아의 또래놀이 단절이 학습준비도에 미치는 영향에서 타인과의 관계를 통한 사회적 기술인 유능감 발달의 중요성을 시사한 바 있다(홍예지 외, 2018).

염미애, 문혁준(2008)은 유아기 사회적 행동은 학교적응뿐만 아니라 학업성취도에도 직접적인 영향을 미치는 매개변인이 됨을 지적하고 있다. 유아기 사회적 행동은 학교적응과 학업성취에 주요한 영향력을 미치는 변인이고, 유아기 사회적 유능감은 유아기에서 아동기까지 지속되는 변인이므로 유아기 사회적 유능감의 중요성을 강조하고 있다. 따라서 또래에게 적대적이거나 공격적이며 불안하고 위축되는 행동을 보이고, 주의가 산만한 행동을 보이는 사회 · 정서적 유능감이 낮은 아동일수록 학교적응에 어려움을 나타내며, 학업성취 수준 역시 낮은 것으로 나타났다.

사회적 유능감이 학교적응 이외에도 학업성취에 긍정적인 영향을 미치는 변인임에 O'Malley(1997) 역시 사회적 능력과 관련된 행동들이 사회생활에서 필수적이며 학업성취를 예측한다고 보고한 바 있다. 유아기의 사회적 행동은 초등학교에서의 적응 행동과 밀접할 뿐만 아니라 사회적 유능감이 발달한 아동은 학교에 잘 적응하고, 학업성취도 역시 높은 반면에 사회적 유능감이 낮은 아동들은 학업성취도 역시 낮은 것으로 나타났다(Alexander, Entwisle, & Dauber, 1993). 그 이유로는 친구들의 마음을 이해하고, 친구들과 사귀고 함께 하고, 친구에게 자신의 감정을 표현하고 정서적으로 조절하는 데 사회적 유능감이 필요하며, 이러한 능력은 사회적 인지발달에 결정적인 요인이 되기 때문이다(Denham, 1994).

이처럼 사회 · 정서적 유능감이 학업성취와 직접적인 관계가 있음에 대해 학자들은 나름대로의 보호 요인으로 몇 가지를 제시하고 있고 이를 변인별로 정리하여 살펴보면 다음과 같다.

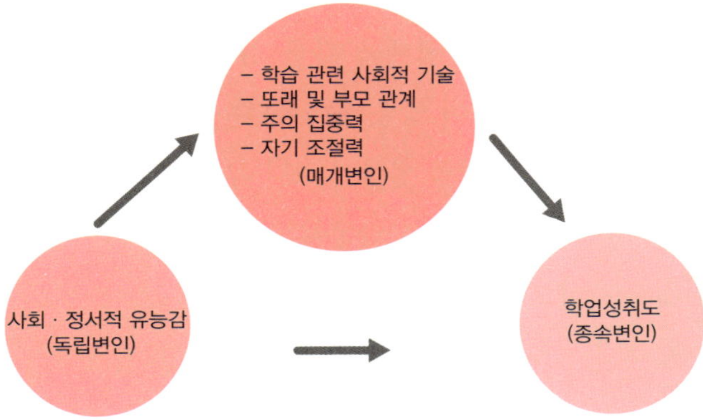

첫째, 학습 관련 사회적 기술로 설명된다. 학습 관련 사회적 기술은 실행기능, 행동적 자기조절 그리고 사회적 유능감을 포괄하는 개념으로 초기 학업성취도를 예측하고, 이는 회복 탄력성 있는 유아들에게도 발견되는 변인이라고 주장한다(Blair, 2002; McClelland, Morrison, & Holmes, 2000; NICHD, 2003). 따라서 유아 발달 통합 위원회는 유아의 학습 관련 기술(실행기술, 행동적 자기조절 그리고 사회 · 정서적 유능감)은 유아기 학습에 매우 필수적이라고 강조하고 있다(Shonkoff et al., 2000). 학습 관련 사회적 기술 구인을 구성하고 있는 기술 중의 하나가 협동, 독립 그리고 책임감을 포함하고 있는 사회 · 정서적 유능감이다. 사회 · 정서적 유능감은 특히 학령기 초기에 중요하고, 다른 사람과의 상호작용은 추후 학업 성공에 결정적이다(Raver, 2002). 몇몇 연구들은 유아의 사회 · 정서적 유능감은 유아기 학업 수행력과 초등학교의 전이에 매우 중요하다고 밝히고 있다(McClellan et al., 2000).

초등학교 1학년 아동의 학습 관련 사회적 행동과 초기 학교적응 및 학업성취도와의 관계를 다룬 김선영과 안선희(2006)의 연구에서 사회적 기술이 발달한 아동일수록 입학 초기에 학교적응을 잘하였으며, 학업 성적이 보다 우수하였다고 보고하고 있다. 따라서 학교적응과 학업성취는 아동의 사회 · 정서적 행동을 매개로 하고 있음을 나타내고 있다.

둘째, 사회 · 정서적 역량과 학업성취도 간 관련성의 보호요인은 또래 및 부모와의 관계이다. 즉, 다른 유아와 사회 · 정서적으로 교감하고 원만히 잘 지내며 부모와 적절한 관계를 맺는 사회 · 정서적 유능감이 학업성취의 보호 요인으로 작용한다는 점이다. 예를 들어, NICHD(2002)에서는 초등학교 1학년 읽기, 수학점수에서 우수하며, 높은 사회적 유능감을 보인 유아들과 상대적으로 낮은 사회적 기술을 보인 유아들과 비교해 본 결과, 낮은 사회적 기술 점수를 보인 유아들은 권위주의적인 부모 아래 성장하였고 이는 낮은 읽기, 수학 점수로 연결되었음을 나타내어 사회 · 정서적 유능감은 여러 경로를 통하여 초기 학업 성공을 지지해 주는 보호 요인으로 작용함을 시사하고 있다.

셋째, 주의집중기술이 사회 · 정서적 유능감과 학업성취도 간의 관계를 연결시켜 주는 주요 변인이 된다는 점이다. Bellanti와 Bierman(2000)은 주의집중에 어려움이 있는 유아는 더 낮은 수준의 사회 · 정서적 유능감을 가졌다고 밝히고 있다. 유아의 사회 · 정서적 유능감과 초등학교 1학년의 학업성취도 간의 관계를 파악하고, 이 중 주의집중기술의 역할에 대해 연구한 연구진들은(Rhoades et al, 2011), 주의집중은 사회 · 정서적 유능감과 학업성취도 간의 연계성에 있어 유의미한 매개 역할을 하므로, 유아기의 학업적 성공을 지원하는 위한 전략으로 유아의 사회 · 정서적 유능감과 주의집중력 발달을 지원하는 예방적 차원의 교육과정 개발이 필요함을 강조한 바 있다.

넷째, 자기조절능력이다. 사회 · 정서적 유능감을 촉진하는 요인으로 Ladd 등(1999)은 행동적 자기조절이 넓은 맥락에서 사회 · 정서적 유능감을 촉진한다고 밝히며, 사회 · 정서적 유능감의 하위 요인으로 행동적 자기조절력이 성취감을 예측한다고 밝히고 있다. 또한 높은 수준의 사회 · 정서적 유능감은 높은 수준의 점수와 연관된다. 강력한 행동적 자기조절력은 실행기술에 의해 지지받게 되고, 이는 사회 · 정서적 유능감을 발달시키고, 결과적으로 인지발달에 도움을 준다는 것이다.

결론적으로 유아기 사회 · 정서적 유능감은 다른 사람과 상호작용하며 자신의 표현과 경험을 조절하여 대응할 수 있는 능력을 가지며 이는 유아의 학업적 성공에 이르게 한다. 따라서 유아기 사회 · 정서적 유능감은 현재뿐만 아니라 나아가 초등학교 적응 및 학업성취도에 영향을 미치므로, 유치원 시기에 유아가 자신의 정서와 역량을 긍정적으로 인식하고, 조절하여 타인의 감정을 공감하여 행동하는 사회 · 정서적 유능감을 긍정적으로 인식하고, 유아기 사회 · 정서적 유능감이 유아기뿐만 아니라 초등학교 적응에 영향을 미치는 요인임을 고려하여 사회 · 정서적 역량 강화를 위한 교육이 적절히 실행될 필요가 있다. 이러한 시기적절한 사회 · 정서적 유능감 교육은 유아가 초등학교 입학 후 학교생활에서 능동적으로 참여하며, 잘 적응하도록 하는 데 실천적 도움이 될 것이기 때문이다.

사회 · 정서 유능감이 높은 유아들은 똑똑하고 말도 잘하는 걸까?

유아기에 급속도로 발달하는 사회 · 정서적 유능감은 초등학교에서 학교적응력과 밀접히 관련되며, 학업 · 사회적 성공을 위한 중요한 발달적 지표로 주목받고 있다. 뿐만 아니라 미래사회에 효과적으로 적응할 수 있는 융합형 인재의 핵심역량으로 지적되고 있다(Denham & Burton, 2003). 최근 유아기 사회 · 정서적 유능감은 발달 영역적으로 사회 · 정서적 발달뿐만 아니라 인지발달을 포함하는 복합적이고 다차원적인 역량으로 간주되는 추세이다. 유아기에 확립된 사회 · 정서 유능감은 초등학령기뿐만 아니라 추후 사회에서의 학업적 · 사회적 성공을 예측할 수 있는 지표가 되므로 건강하고 민주적인 사회로 나아가기 위한 과정으로서 유아의 사회 · 정서적 유능감과 관련된 변인을 분석하는 연구가 심층화되는 추세이다.

먼저 유아의 사회 · 정서적 유능감에 영향을 미치는 개인 변인 관련 연구에 따르면(강혜연, 2010; 김혜순, 강기숙, 2005; 신수원, 임난주, 2014; 이찬숙, 이채호, 2009), 유아의 지적 능력, 또래 상호작용, 문제행동, 리더십, 자아존중감 등이 유아의 사회·정서적 유능감에 영향을 미치는 것으로 보고되고 있다. 이러한 변인 중 유아의 사회·정서적 역량과 관련된 주요 변인으로 유아의 인지능력과 지적 발달을 들 수 있다.

사회적·정서적 과정의 통합은 초기 초등학령기에 사회적·학업적 성공의 구조화의 핵심 요소로 부각되고 있다(Izard, 2009; Thompson & Raikes, 2007). Blair(2002)는 학령기 초기에 유아기 역량을 이해하는 데 핵심으로서 사회·정서적 능력과 인지적 기술의 상호 연관성을 기술한 바 있다. 이와 연관되는 점으로 유아기 사회·정서 능력의 발달수준은 이후 청소년기의 적응 및 학업능력뿐만 아니라 학교폭력, 게임중독 등과 같은 사회적 문제의 발생과도 관련이 깊은 점을 들 수 있다(Bornstein, Hahn & Haynes, 2010).

이러한 학자들의 주장은 사회·정서적 역량과 인지발달 간의 상호 밀접성을 대변하는 것으로 볼 수 있다. 이에 대해 Denham과 Burton(2003)은 구체적으로 유아의 인지 저하 혹은 인지적 결함은 정서이해 그리고 사회적 상황에서 적절한 문제해결 방법을 찾는 데 어려움을 발생시키게 됨에 따라 결과적으로 낮은 사회·정서적 유능감을 야기한다고 주장함으로써 유아기 사회·정서적 역량과 인지발달 간의 관련성을 강조한 바 있다. 이 중에서 낮은 순차처리능력과 동시산출능력은 유아가 문제해결에 따른 대안을 모색하지 못한 채 공격적인 행동을 가져오게 함에 따라 결국은 낮은 사회 · 정서적 유능감으로 귀결된다는 것이다. 따라서 인지처리 능력이 높은 유아들은 사회적 상황과 그 안에 관련된 정서적 요인에 대한 폭넓은 이해를 기반으로 하고, 자신의 정서나 바람 등에 대한 의사표현이 정확하고 다른 사람과 긍정적인 관계를 유지하고 사회적 상호작용을 잘한다(Shure, 2001)는 것이다.

이는 지적 능력이 높은 유아들은 새로운 자료를 보다 빨리 처리하며(Johnson & Mervis, 1994), 다른 사람의 행동과 결과 간의 관련성을 보다 빠르고, 정확하게 인식하여 사회적으로 유능한 행동을 할 수 있기 때문으로 추리해 볼 수 있다. 이 외에도 유아의 사회 · 정서 유능감과 초등학교 1학년의 학업성취도 간 관계를 파악하고, 이 중 주의집중기술의 역할에 대해 연구한 결과, 주의집중력이 두 변인 간 연계에 매개 역할을 하므로, 유아기의 학업적 성공을 지원하는 위한 전략으로 유아의 사회 · 정서적 유능감과 주의집중력 발달을 지원하는 예방적 차원의 교육과정 개발이 필요함이 강조되기도 한다(Rhoades et al., 2011).

뿐만 아니라 지적 능력이 높은 유아는 또래관계 속에서 규칙이나 사회적 규범을 더 잘 이해하고, 친구나 교사와 상호작용을 할 때 주고받는 언어의 맥락을 잘 이해하며, 자신의 의견을 명확하게 표현하는 등 인지능력과 사회 · 정서적 발달과 밀접한 관련이 있는 양상을 보이는 것으로 나타났다(이영자, 유효순, 이정욱, 2001; Eisenberg, Fabes, & Murphy, 1996; Katz & McClellan, 1997). 유아기 지각력 및 기억력과 이해력 및 사고력과 같은 인지발달은 사회적 유능감에 영향을 미치고 있으며, 지적 능력이 뛰어난 유아는 보다 장기적인 목표 달성을 위해 충동적인 욕구를 자제하는 만족 지연 행동을 보여주고, 자신의 시각, 감정, 사고에 대한 타인의 표상을 추론하여 타인의 사고와 감정을 이해하는 조망수용 및 자기조절능력이 높은 것으로 나타났다(김문희, 2007; 김미화, 1997; 김양선, 2009; 김혜순, 2006; 김혜순, 강기숙, 2005). 사회적 기술이 발달한 유아는 또래관계가 우호적이어서 유치원 생활에 잘 적응하고 학습에 잘 참여하는 반면에, 사회적 기술이 미숙한 유아는 또래 간의 친밀성이 낮고, 문제행동도 자주 일으키며, 낮은 학업성취로 부정적인 문제를 야기한다(McClelland & Morrison, 2003).

실제로, 유아의 지적 능력과 사회적 유능감의 관련 변인에 대한 연구들을 살펴보면, 지적 능력이 높은 집단의 유아가 낮은 집단의 유아에 비해 대인관계 문제를 해결하기 위하여 다양한 대안들을 더 많이 생각해 내고 자신이 행한 사회적 행동의 결과가 자신과 다른 사람에게 가져올 영향에 대해 사고하는 능력 역시 높은 것으로 나타났다(양경수, 2006). 그리고 유아의 사회적 유능감과 학습준비도 그리고 부모 상호작용 간의 관계성을 파악한 연구에 의하면(이영진, 김미래, 이은형, 2018), 유아의 학습준비도와 사회적 유능감 간에 정적 상관관계가 있는 것으로 나타났으며, 학습준비도가 사회적 유능감의 가장 강력한 정적 예측 변인이며, 학습준비도의 하위 요인인 인지발달 및 일반적 지식과 학습태도가 사회적 유능감의 48%를 예측하는 정적 예측 변인으로 나타났다.

따라서 최근 유아의 지능과 사회적 유능감 간에 정적인 상관관계가 있는 것으로 나타났으며, 지능이 높을수록 사회적 유능감이 높은 것으로 나타났으며(최병남, 2014), 유아가 사회·정서적 유능감이 높으면 논리적이며 순차적으로 사고하는 능력이 높음을 주장하고 사회·정서적 유능감과 인지행동은 서로 밀접하게 관련이 있다고 주장한다(Masten & Coatsworth, 1998). 유아의 지적 능력과 사회적 유능감 간 관계를 본 강혜연(2010)의 연구, 유아의 정서 지식, 사회적 능력과 기초학습능력 간의 연관성을 살펴본 이옥경과 이진희(2015)의 연구를 통해서 사회적 유능감과 학습준비도의 연관성을 추측할 수 있다.

그럼에도 주목해야 할 점은 유아의 지적 능력에 따른 사회적 유능감은 지적 능력 집단에 따라 유의미한 차이가 있을지라도, 하위 영역별 내용에서는 약간은 차이가 있는 것으로 드러났다. 즉 유아의 지적 능력과 사회적 유능감의 하위 요인에서는 또래관계 기술과 사회적 규범 이해에서는 차이가 있으나, 정서조절과 정서성에서는 유의미한 차이가 없다는 점이다(강혜연, 2010). 이와 비슷한 맥락으로 유아의 사회적 유능감 수준이 높은 집단의 경우 낮은 집단에 비해 학교준비도 중 사회·정서발달, 학습에 대한 태도 및 의사소통 이해에 미치는 영향이 미미한 것으로 나타났다(홍예지 외, 2018). 이는 유아의 사회적 유능감이 학습준비도와 관련되며, 학습준비도인 인지발달에도 영향을 미쳐 유아기 인지발달과 사회 · 정서적 유능감 간에 관련성이 있지만, 사회 · 정서 역량의 모든 하위 요인이 인지 발달과 관련이 있지는 않다는 점 역시 주지할 필요가 있다.

언어능력 역시 유아의 사회 · 정서적 역량에 영향을 미친다는 것이 여러 연구를 통해 밝혀졌다. 유아의 정서유능감은 사회적 상호작용 속에서 발달하며 이는 언어를 통해 이루어진다. 유아는 언어를 사용하여 타인의 마음을 이해하고 예측된 행동에 대해 설명하며 언어적 상호작용을 통해 사회적 관계를 형성한다(지연희, 2008; Astington, 2007). 정서표현 언어는 정서조절에 영향을 미치며(Dunn, Bretherton, & Munn, 1987), 정서를 언어로 표현하는 것은 유아의 사회 · 정서적 유능감과 관련이 있다(Denham et al., 2003). 특히, 정서조절 발달에 표현언어의 역할이 중요하며, 표현언어는 자신의 욕구에 대해 소통할 수 있는 적절한 사회적 수단을 제공하고, 자신과 타인의 정서적 경험을 이해할 수 있는 능력을 향상시킨다고 학자들은 강조한다(Cole, Armstrong, & Pemberton, 2010).

Fischer와 Ayoub(1993)는 정서를 표현하는 어휘를 이해하고 표현하는 기술이 발달된 유아가 자신과 타인의 정서를 보다 효과적으로 표현할 수 있고 타인의 정서적 경험에 대해서도 잘 이해할 수 있으며 나아가 타인의 정서를 공감하는 능력으로 연결될 수 있다고 하였다. Miller와 동료들(2005) 역시 정서 어휘력을 통해 정서표현이 풍부한 아동이 또래로부터 보다 긍정적인 사회적 평가를 받았다고 밝혔다(조유진, 2018에서 재인용). Rothbart, Ahadi, Hershey와 Fisher(2001)는 자신의 정서성을 인식하고 사회적 자극에 대하여 유아가 정서적으로 민감하고 적절히 표현하는 언어능력은 유아의 사회·정서적 유능감과 연계가 될 뿐만 아니라 사회적으로 바람직하게 행동할 수 있도록 하는 매개가 된다.

학습 관련 사회적 기술이 발달한 유아는 언어능력이 발달하여 학업성취도가 높으나(곽아정, 2006), 그렇지 못한 유아는 초등학교 6학년이 되어서도 또래에 비해 언어능력이 낮았다는 연구들(McClelland & Hansen, 2001; McClelland & Morrsion, 2003)에서 유아기 사회·정서적 능력과 언어능력 간의 관련성을 유추해 볼 수 있다. 실제 유아의 언어능력과 사회적 유능감 간의 관계를 살펴본 결과(이진영, 김동희, 이진숙, 2018) 두 변인 간에 정적 상관이 나타났으며, 사회적 유능감의 하위영역인 자기통제와의 상관이 가장 높은 것으로 나타났다. 따라서 유아의 언어능력이 높을수록 사회적 유능감이 높아지는 것으로 밝혀졌으며, 성별에 따른 차이까지 분석해 본 결과, 남아보다 여아가 언어능력과 사회적 유능감이 높은 경향을 보였다. 따라서 유아의 언어능력은 유아의 사회적 유능감에 영향을 미치는 변수로 밝혀졌다.

유아의 언어능력과 사회적 유능성에 관한 김향미(2010)의 연구에서도 유아의 언어적 기술이 높고, 언어를 효과적으로 표현하는 기술을 가짐으로써 또래와의 관계형성 및 유지에 긍정적인 영향을 미치는 것으로 나타났다. 유아의 언어능력과 사회성과의 관계에서는 언어능력이 높을수록 사회성이 더 발달하는 경향을 나타내고(이해경, 1993; 이현주, 2000), 언어표현력이 높은 유아가 또래와의 상호작용을 더 잘한다고(김기예, 이소은, 2007) 보고된 바 있다.

유아가 또래와의 집단생활을 통해 언어력이 습득 · 발달되므로 사회성이 발달한 유아가 언어발달이 빠르지만, 상대적으로 사회성이 결여된 유아는 자기중심적인 언어를 자주 사용하고 의사소통의 기회가 적어 언어발달이 뒤떨어지게 된다고 하였다(박홍자, 김미애, 1993). 이에 대해 Denham과 Burton(2003) 역시 유아의 언어적 소통 결함은 정서이해와 문제해결의 어려움을 야기하므로 낮은 정서유능감을 가져온다고 주장한다. 특히 언어적 사고와 표현능력이 부족하면 문제해결을 위한 실마리를 찾거나 이해하지 못할 뿐 아니라 대안을 모색하는 데 어려움이 있으며 결과적으로 공격적 행동을 나타낼 수 있다는 것이다. 즉, 언어적 혹은 비언어적인 방식을 통해 전달되는 타인의 정서를 제대로 인식하지 못하는 유아는 또래와 안정적인 관계를 형성하고 유지하는 데 어려움을 갖게 된다. 또한 사회적 관계 속에서 발생하는 문제 상황의 원인과 결과를 파악하지 못하여 타인과의 갈등을 유발하는 경우가 많으며 이는 결국 유아의 낮은 정서유능감으로 이어진다(조유진, 2018). 정리해 보면, 타인과의 상호작용 속에서 형성되고 구체화되어 가는 언어능력은 사회적 존재로서 관계 속에서 자신을 인식하고 표현하는 수단이 되므로 유아기 언어능력은 사회 속에서 살아가는 데 중요한 능력이 사회 · 정서적 역량과 밀접한 관련이 있음을 알 수 있다.

사회 · 정서 유능감과 관계가 밀접한 변인들은 무엇이 있을까?

(자아존중감, 놀이성, 자기통제력, 정서실행능력, 리더십)

사회 · 정서적 유능감은 정서인지, 정서처리, 다른 사람과의 공감 및 배려, 긍정적 사회적 관계, 책임감 있고 효과적인 의사결정을 촉진하는 역량을 획득하는 과정이라고 볼 수 있다. 유아기 사회 · 정서 역량은 학교적응력, 학업성취도, 지적 능력 발달과 같은 인지적 요인과의 관련성에 대한 이해 이외에도 자아존중감, 놀이성, 내적 조절, 자기조절, 창의성, 언어능력, 자아존중감과의 관련성에 대한 이해가 뒷받침되지 않고서는 유아기 사회 · 정서적 유능감을 설명하기는 어렵다고 볼 수 있다. 따라서 유아기 사회 · 정서적 역량에 역량을 미치는 요인을 개인적 요인별로 구분지어 제시하면 다음과 같다.

유아기 사회 · 정서적 역량과 관련되는 첫 번째 요인은 자아존중감(자아개념)을 들 수 있다. 사회적 유능감이 부족한 유아는 또래와의 관계에서 거부되거나 자신에 대해 낮은 자아개념을 갖게 되는 등 발달적 어려움을 가지게 된다(Shaffer, 2000). 유아의 자아존중감과 사회적 유능감 간 관계성을 다룬 연구를 살펴보면, 유아의 자아개념과 사회적 적응 능력 간에 정적인 상관관계가 있으며(신춘자, 1992), 자아존중감이 높을수록 친구와의 관계에서 사회적 유능감을 나타내고 유아교육기관에서의 생활에서도 안정감을 나타낸다(최현미, 신동주, 2012). 자기에 대한 지각이 긍정적일수록 집단활동에 적극적이며, 또래와 협동하며 규칙을 지키는 등의 사회적 기술과 사회적 능력이 높고, 사회적 상황과 요구에 적합한 능동적이고 긍정적인 정서조절전략을 사용하는 등 사회적 유능감이 높은 것으로 나타났다(김영숙, 1997; 민정원, 2000; 윤석빈, 1999). 배려와 협동을 잘하는 특성이 있으며 사회적 능력과 지도력이 높고 협력적이며 맡은 일을 성실히 수행해 낼 수 있는 사회적 기술 또한 발달된 것으로 나타났다(황윤세, 이혜원, 2005).

좀 더 구체적으로 긍정적인 자아존중감은 유아가 또래와 협동하며, 규칙을 잘 지키며 잘 수용되고 나누기, 협동하기, 위로하기 등과 같은 친사회적 기술을 가지고 또래관계를 잘 맺을 수 있도록 돕는다(김영숙, 1997; 김영희, 2006; 오원정, 1999; 우수정, 2001; 유은정, 2010; 이영, 조연순, 1997). 반면에, 자아존중감이 낮은 유아는 자신에 대해 과소평가하는 성향이 있고, 자기중심적 특성이 강하여 다른 사람에 대한 이해가 부족하게 되므로(Feldman, 1997) 대인관계에 문제가 있을 때 적절한 방법으로 문제를 해결하지 못하며(김은영, 2007), 신체적 · 언어적 공격성이 표출될 가능성이 높고 학업적 성취 역시 낮은 것으로 나타나

(전민성, 2003) 결국은 낮은 사회 · 정서적 유능감으로 연결되는 것으로 나타났다. 사회적 유능감에 미치는 영향력까지 알아본 임현주(2019)는 유아기 자아존중감, 행복감이 사회적 유능성에 긍정적인 영향을 미치며, 부모유능감과 유아의 행복감을 제외한 자아존중감 자체가 유아의 사회적 유능감에 미치는 영향력은 16.5%로 가장 강력한 긍정적 영향력을 미치는 것으로 나타났다. 정리해 보면, 유아의 자아존중감은 사회 · 정서적 유능감을 증진하는데 발달적 토대로 작용할 뿐만 아니라 사회 · 정서적 유능감이 높음을 통해서 긍정적인 자아존중감을 형성하는 것에 비추어 보면, 두 변인 간 관계는 상호 순환적으로 작용함을 추리해 볼 수 있다.

유아기 사회 · 정서적 역량과 관련되는 두 번째 요인으로 놀이성을 들 수 있다. 유아의 놀이성과 사회적 유능감 간에 상호 의미 있는 관계가 나타났으며, 사회적 유능감은 유아의 놀이성에 직접적인 영향을 미치는 것으로 나타났다(황윤세, 최미숙, 2007). 유아의 놀이성과 사회유능감 간의 관계는 놀이성의 주도적 참여가 높을수록 사회유능감이 높게 나타났으며, 기질과 같은 변인보다는 유아의 놀이성이 사회적 유능감에 미치는 주요 변인임을 제시하고 있다(이은임, 최경수, 백향기, 2019). 이와 같은 유아의 놀이성은 사회적 유능감에 영향을 미치는 것으로 나타났으며, 놀이성은 사회적 유능감을 매개로 하여 유아 리더십에도 영향을 미치는 것으로 나타났다(최수경, 박인전, 2012).

셋째, 자기조절력과 같은 의도적 통제를 들 수 있다. 먼저,

Nigg와 동료들(1998)은 235명의 1, 2학년을 대상으로 2년간 종단 연구를 실시한 결과, 억제조절능력이 행동문제와 정서유능감을 예측한다는 것을 밝혔다. 유아의 자기조절적 능력인 의도적 통제와 사회적 유능감 간의 관계를 교사-유아 관계가 매개하는가에 대해 살펴본 도형미와 김소연(2015)은 유아의 의도적 통제는 사회적 유능감과 유의한 정적 상관을 나타내었고, 유아의 의도적 통제와 사회적 유능감 간 관계를 교사-유아 관계가 유의미하게 매개한다고 보고하고 있다. 즉, 유아의 사회적 유능감 발달에 있어 유아의 의도적 통제가 중요한 역할을 하며, 이러한 관계를 교사-유아 관계가 유의미하게 매개할 수 있음을 논하며, 의도적 통제가 잘 발달되지 못한 유아일지라도 교사와 긍정적이고 친밀한 관계를 맺는다면 사회적 유능감에 긍정적인 영향을 미칠 수 있다는 점을 시사한다.

넷째, 정서조절적 측면을 효율적인 통제와 실행기능의 관점으로 볼 때, 목표 지향적이고 결단적인 행동을 유연하게 하는 직접적인 과정인 실행기능과 사회·정서적 유능감 간 관계에 관한 연구 역시 활발히 이루어져 왔다. 특히 정서 실행능력은 유혹에 대항하고 정서와 스트레스를 조절하는 등의 사회·정서적 발달과 관련되어 있으므로(Sethi, Mischel, Aber, Shoda & Rodriguez, 2000), 계획을 세우고 반응을 억제하는 정서적 실행기능은 유아가 자신의 정서와 행동을 조절하는 능력에 직접적인 영향을 미치므로, 정서적 실행능력은 유아의 사회·정서적 능력 증진에 필수적이다(김성현, 2015). Hughes와 동료들의 연구

(2001)는 실행기능과 사회 · 정서 발달 사이의 종단적 관련성을 지지하며, 유치원 유아시기인 4세 때 실행기능이 부족하다고 판단된 유아는 5세 때 부정적인 행동이 나타났으며, Brophy 등(2002)에 의하면 4세 때 정서발달과 실행기능이 취약했던 유아는 7세 때 규칙 위반과 범법적 오류 모두를 범하기 쉽다고 강조함에 따라(Riggs et al., 2006 재인용) 유아기 실행기능과 사회 · 정서 발달 간의 관련성을 강조한 바 있다.

이 외에도 유아기 사회 · 정서적 역량에 영향을 미치는 변인으로 창의성, 자아탄력성, 리더십 등을 들 수 있다. 창의성과 사회적 유능감 간의 관련성을 살펴보면 창의성은 사회적 유능감에 유의미한 영향을 미쳐, 창의성 점수가 높아질수록 사회적 유능감의 하위 요인 중 사회적 활동성과 지도성이 높아지는 것으로 나타났다. 창의성 하위 요인 중 정교성은 사회적 유능감의 사회적 참여와 자율성에 영향을 미치며, 성급한 종결에 대한 저항은 사회적 규범에 의한 순응성과 정서지능의 자기인식능력에 영향을 미치는 것으로 나타났다(서희전, 2017).

리더십과 사회유능감 총점 및 대부분의 하위 요인 간에도 통계적으로 유의미한 정적 상관이 있는 것으로 나타났다. 사회적 유능감의 정서성을 제외한 모든 하위 요인과 모든 리더십의 하위 요인 간에는 높은 정적 상관을 보이고 있다. 유아의 리더십 수준에 따른 사회적 유능감은 통계적으로 유의미한 차이를 보였다(신수원, 2009). 유아의 사회적 유능감과 자아탄력성 간 정적 상관이 있는 것으로 나타났다(조순옥, 2016).

닫는 글

사회 · 정서 유능성을 연구하며 유념해야 할 점 중의 하나는 다른 변인과의 관계성에 대한 이해는 상관론적 관점에서 접근해야 한다는 점이다. 자신의 정서와 장단점을 이해하고, 정서의 표현하고 타인의 입장에서 서서 대인관계를 잘 유지하는 아이들은 학교에서 문제행동을 일으킬 확률이 낮고 학교에서 잘 적응하며 학업성취도 역시 뛰어날 확률이 높다는 점이다. 그러므로 사회 · 정서 유능감이 높은 유아라고 반드시 초등학교에 가서도 잘 지내고 잘 적응하고, 공부도 잘하며, 지능이나 인지 발달이 뛰어나야 한다는 생각은 무리한 관점이라는 점이다. 유아기의 대부분의 발달심리학적 구인은 개별적이기보다는 서로 유기적 연관성을 가지고 있다는 일반론적인 관점에서 바라볼 필요가 있으며, 구체적으로 사회 · 정서 유능감이 인지적 · 언어적 구인에서 어떠한 구조와 맥락으로 상호 연계되는지 전체적인 맥락에서 사회 · 정서 유능감을 바라볼 필요가 있다.

생각해 봅시다

1. 사회 · 정서적 역량과 문제행동 간에 어떠한 관련성이 있으며, 두 변인의 관련성이 밀접하다면, 또는 밀접하지 않다고 생각한다면 그 논리적 근거는 무엇인가?

2. 또래관계는 일반성과 보편성이라는 일반적인 기준 아래 개인의 역량이라는 유연성을 잘 발휘해야 한다. 또래관계를 형성하기 위한 개인의 역량에는 어떠한 것이 있는지 구체적으로 생각해 보자.

한 번 더 읽어볼 만한 책

메리앤 로드맨, 베스 스피겔 (2007). **1학년이 최고야!**. 서울: 좋은책 어린이.

참고문헌

강수령, 이경님 (2001). 아동의 또래괴롭힘, 사회적 유능감과 학교적응의 관계. **동아교육논총, 27**, 161-179.

강혜연 (2010). 유아의 지적 능력과 사회적 유능감과의 관계. **한국유아교육연구, 9**(1), 5-32.

곽아정 (2006). **유아의 학습과 관련된 사회적 기술 척도의 타당화 및 학습능력과의 관계.** 이화여자대학교 박사학위논문.

김기예, 이소은 (2007). 수용언어 및 표현언어능력에 따른 유아의 실행기능과 또래상호작용. **미래유아교육학회지, 14**(1), 167-197.

김문희 (2007). **유아의 지능과 마음의 표상적 특성에 대한 이해와의 관계.** 한국교원대학교 교육대학원 석사학위논문.

김미화 (1997). **유아의 사회적 유능감 발달에 영향을 미치는 관련 변인 연구**. 건국대학교 대학원 박사학위논문.

김선영, 안선희 (2006). 초등학교 1학년 아동의 학습관련 사회적 기술과 초기 학교적응 및 학업성취도와의 관계. **아동학회지, 27**(6), 183-197.

김선영, 안선희 (2006). 초등학교 취학 월령에 따른 1학년 아동의 사회성 발달과 학교적응 비교. **유아교육연구, 27**(2), 119-138.

김성현 (2015). **인지놀이에 기반한 유아 정서, 사회적 유능감 프로그램 개발 및 효과.** 중앙대학교 대학원 박사학위논문.

김성현, 지성애 (2015). 인지놀이에 기반한 유아 정서 · 사회적 유능감 프로그램 개발 및 효과. **유아교육학논집, 19**(2), 29-54.

김수정, 곽금주 (2010). 초등일학년 학교적응의 예언변인들 간 관련성 탐색: 단기, 종단적 접근. **한국심리학지: 발달, 23**(2), 19-37.

김양선 (2009). **5세 유아의 지적 능력과 만족지연능력 간의 관계.** 한국교원대학교 교육대학원 석사학위논문.

김영숙 (1997). **유아의 자아존중감에 영향을 주는 가정환경의 제변인.** 동국대학교 대학원 박사학위논문.

김영희 (2006). **유아의 정서지능과 또래 유능성과의 관계.** 한국교원대학교 교육대학원 석사학위논문.

김은영 (2007). **유아의 자기존중감과 조망수용에 관한 연구.** 한국교원대학교 교육대학원 석사학위논문.

김지수 (2019). **어머니의 가족 상호작용, 아동의 사회적 유능감 및 학습준비도가 초등학교 적응에 미치는 영향.** 울산대학교 대학원 석사학위논문.

김태은 (2011). 초등학교 준비도 향상을 위한 집중 프로그램이 유아의 사회적 기술과 학교생활 적응 준비도에 미치는 영향. **한국영유아보육학, 68,** 125–146.

김향미 (2010). **유아의 공감능력 및 언어표현능력 수준이 또래유능성에 미치는 영향.** 부산대학교 대학원 석사학위논문.

김혜순 (2006). 유아의 지적 능력, 가상 상황에서의 보상선택유형 및 만족지연능력에 관한 연구. **한국가정관리학회지, 24**(3), 15–25.

김혜순, 강기숙 (2005). 유아의 지능, 가정양육환경 및 자기조절능력과의 관계. **한국가정관리학회지, 23**(4), 17–26.

김희태, 김정림, 이임순, 남연정 (2014). 유아의 부정적인 또래 상호작용 행동과 관련 변인들간의 관계 구조 분석. **유아교육연구, 34**(2), 29–48.

도형미, 김소연 (2015). 유아의 의도적 통제가 사회적 유능감에 미치는 영향: 교사–유아 관계의 매개효과를 중심으로. **한국심리학회지: 발달, 28**(4), 225–242.

문은식 (2002). 청소년의 학교생활 적응 관련변인의 탐색적 고찰. **교육연구논총, 23**(1), 153–167.

민정원 (2000). **아동의 애착안정성과 자아지각 및 사회적 능력.** 연세대학교 대학원 석사학위논문.

박유영, 홍지명 (2010). 유아의 유치원 적응력과 자기조절능력 및 또래상호작용과의 관계. **유아교육복지연구, 14**(4), 291–309.

박은영 (2011). 아동의 학교적응에 영향을 미치는 요인이 관한 연구. **청소년학연구, 18**(6), 1–27.

서희전 (2017). 유아의 창의성, 정서지능, 사회적 유능감 간의 관련성 연구. **한국어린이미디어학회 학술대회 자료집**, 10, 332–332.

신수원 (2009). **유아 리더십이 사회적 유능감에 미치는 영향.** 숭실대학교 교육대학원 석사학위논문.

신수원, 임난주 (2014). 유아리더십이 사회적 유능감에 미치는 영향. **한국산학기술학회 논문지, 15**(3), 1465–1470.

신춘자 (1992). **아동이 지각한 부모의 양육태도와 자아개념 및 사회적 적응에 관한 연구.** 숙명여자대학교 교육대학원 석사학위논문.

양경수 (2006). 유아의 지능과 창의성이 대인문제해결력에 미치는 영향. **아동교육, 15**(4), 187–196.

염미애, 문혁준 (2008). 유아기에서 초등학교로의 전이에 따른 학교적응 및 학습수행 성취에 관한 종단연구. **유아교육연구, 28**(6), 91–118.

오원정 (1999). **친구관계의 질 및 친구관계망과 아동의 자아지각의 관계.** 연세대학교 대학원 석사학위논문.

우수정 (2001). **유치원 아동의 자아지각과 또래유능성의 관계.** 연세대학교 대학원 석사학위논문.

유은정 (2010). **유아의 친사회적 행동과 자기존중감의 관계.** 한국교원대학교 대학원 석사학위논문.

윤석빈 (1999). **경험하는 정서의 종류와 선행사건에 따른 정서조절 양식의 차이.** 서울대학교 대학원 박사학위논문.

이강훈 (2018). 학교적응에 영향을 미치는 유아기 변인들 간의 관계에 대한 종단연구. **열린유아교육연구, 23**(6), 399–425.

이보경, 김지은 (2019). 유 · 초 연계 교육활동이 유아의 사회적 유능감과 자아탄력성에 미치는 영향. **육아지원연구, 14**(1), 5–33.

이상희, 오새니 (2019). 유아기 미디어 이용이 초등학교 적응에 미치는 영향. **어린이미디어연구, 18**(2), 89–108.

이순아, 임선아 (2019). 유아의 발달적 특성과 초등학교 전환기 아동의 학교적응간의 관계에서 학교준비도와 사회적 기술의 매개 효과. **한국초등교육, 30**(1), 221–233.

이영, 조연순 (1997). **아동의 세계.** 서울: 양서원.

이영자, 유효순, 이정욱 (2001). **주제 중심의 통합적 접근 방법에 의한 유아 사회교육.** 서울: 교문사.

이영진, 김미래, 이은형 (2018). 부모의 가족상호작용, 유아의 학습준비도가 유아의 사회적 유능감에 미치는 영향. **열린유아교육연구, 23**(2), 45–67.

이옥경, 이진희 (2015). 유아의 정서지식과 사회적 능력 및 기초학습능력과의 구조관계. **열린유아교육연구, 20**(5), 347–370.

이은임, 최경수, 백향기 (2019). 유아의 성별, 기질 및 놀이성이 사회적 유능감에 미치는 영향. **코칭연구, 12**(4), 215–230.

이지영, 이상희 (2019). 유아 개인변인, 또래놀이 행동, 사회적 유능감, 문제 행동이 초등학교 적응에 미치는 영향. **유아교육 · 보육복지연구, 23**(3), 171–199.

이진영, 김동희, 이진숙 (2018). 유아의 언어능력과 부모의 양육효능감이 유아의 사회적 유능감에 미치는 영향. **한국아동학회 학술발표논문집**, 198–199.

이찬숙, 이채호 (2009). 유아의 문제행동에 영향을 미치는 기질, 사회적 유능감, 부모의 양육태도 간의 구조모형 분석. **유아교육학논집, 13**(5), 27–44.

이혜원 (2005). **교사용 유아의 사회적 유능감 평가척도 개발 연구.** 덕성여자대학교 대학원 박사학위논문.

임현주 (2019). 어머니의 부모유능감, 부모불안감과 유아의 자아존중감, 행복감의 사회적 유능감에 미치는 영향. **열린유아교육연구, 24**(5), 133–156.

전민성 (2003). **유아의 감정지능과 사회적 유능감 간의 상관관계 연구**. 성균관대학교 교육대학원 석사학위논문.

정근혜 (2019). **유아의 초등학교 적응에 관한 주요 변인의 구조적 관계 분석.** 경남대학교 교육대학원 박사학위논문.

정미라, 박희숙 (2010). 유아의 자아존중감 및 사회적 능력과 유치원 적응력 간의 관계. **유아교육 · 보육복지연구, 14**(4), 141–168.

정미영, 문혁준 (2007). 아동의 학교생활적응 관련 변인 연구. **아동학회지, 28**(5), 37–54.

조순옥 (2016). 어머니의 부모 역할 지능 및 유아의 사회적 유능감과 자아탄력성 간 관계. **육아지원연구, 11**(1), 95–118.

조유진 (2018). **유아를 위한 실행기능 기반 정서유능감 함양 프로그램 개발 및 효과**. 중앙대학교 대학원 박사학위논문.

지연희 (2008). **유아의 언어 능력과 마음의 표상적 특성에 대한 이해**. 한국교원대학교 대학원 석사학위논문.

최병남 (2014). **유아의 지능과 사회적 유능감**. 울산대학교 교육대학원 석사학위논문.

최수경, 박인전 (2012). 유아의 놀이성, 사회적 유능감, 리더십 간의 구조 관계 분석. **한국영유아보육학, 70**, 55–76.

최현미, 신동주 (2012). 유아의 자아존중감에 영향을 미치는 개인 내외적 변인에 관한 연구. **유아교육연구, 32**(1), 133–158.

홍예지, 강수정, 이강이, 최나야 (2017). 유아의 가정환경 자극이 사회적 유능감에 미치는 종단적 영향: 언어 인지 발달의 매개효과. **인간발달연구, 24**(4), 161–178.

홍예지, 안혜령, 이강이, 최나야 (2018). 만5세 유아의 또래놀이 단절과 학습준비도의 관계: 사회적 유능감의 조절 효과. **인간발달연구, 25**(3), 133–152.

황윤세, 이혜원 (2005). 유아의 정서지능 및 사회적 유능감이 놀이성에 미치는 영향. **아동학회지, 26**(6), 335–349.

황윤세, 최미숙 (2007). 기질과 사회적 유능감이 유아 놀이성에 영향을 미치는 구조모형 분석. **열린유아교육연구, 12**(2), 49–66.

Alexander, K. L., Entwisle, D. R., & Dauber, S. L. (1993). First-grade classroom behavior: Its short-and long-term consequences for school performance. *Child Development, 64,* 801–814.

Arnold, D. H., McWilliams, L., & Arnold, E. H. (1998). Teacher discipline and child misbehavior in day care: Untangling causality with correlational data. *Developmental Psychology, 34,* 276–287.

Astington, J. (2007). Actors and the Court after 1642. *Early Modern Literary Studies, 15*(6), 1–23.

Bassett, H. H., Denham, S., Mincic, M., & Graling, K. (2012). The structure of preschoolers' emotion knowledge: Model equivalence and validity using a structural equation modeling approach. *Early Education & Development, 23*(3), 259–279.

Bellanti, C. J., & Bierman, K. L. (2000). Disentangling the impact of low cognitive ability and inattention on social behavior and peer relationships. *Journal of Clinical Child Psychology, 29*(1), 66–75.

Blair, C. (2002). School readiness: Integrating cognition and emotion in a neurobiological conceptualization of children's functioning at school entry. *American Psychologist, 57,* 111–127.

Blandon, A. Y., Calkins, S. D., Grimm, K. J., Keane, S. P., & O'Brien, M. (2010). Testing a developmental cascade model of emotional and social competence and early peer acceptance. *Development and Psychopathology, 22*(4), 737–748.

Bornstein, M. H., Hahn, C., & Haynes, O. M. (2010). Social competence, externalizing and internalizing behavioral adjustment from early childhood through early adolescence: Developmental cascades. *Development and Psychopathology, 22*, 717–735.

Bowman, B. T., Donovan, M. S., & Burns, M. S. (2001). *Eager To Learn: Educating Our Preschoolers.[Full Report and Executive Summary.].* National Academy Press, 2101 Constitution Avenue, NW, Lockbox 285, Washington, DC 20055.

Brophy, M., Taylor, E., & Hughes, C. (2002). To go or not to go: Inhibitory control in 'hard to manage' children. *Infant and Child Development: An International Journal of Research and Practice, 11*(2), 125–140.

Campbell, F. A, Ramsey, C. T., Pungello, E., Sparling, J., & Miller-Johnson, S. (2002). Early childhood education: Young adult outcomes from the Abecedarian Project. *Applied Developmental Science, 6*(1), 42–57.

Campbell, S. B. (1995). Behavior problems in preschool children: A review of recent of recent research. *Journal of Child Psychology and Psychiatry, 36*(1), 113–149.

Cole, P. M., Armstrong, L. M., & Pemberton, C. K. (2010). The role of language in the development of emotion regulation. In S. D. Calkins & M. A. Bell (Eds.), *Child Development at the intersection of cognition and emotion* (pp.59–77). Washington DC: American Psychological Association.

Crick, N. R. (1996). The role of overt aggression, relation aggression, and pro-social behavior in the prediction of children's future social adjustment. *Child Development, 67*(2), 2317–2327.

Crick, N. R., & Grotopehter, J. K.(1996). Relational aggression, overt aggression, and friendship. *Child Development, 67*, 2328–2338.

De Young, R. (2013). Environmental psychology overview. In A. H. Huffman & S. R. Klein (Eds.), *Green organizations: Driving change with IO psychology* (pp.17–33). New York, NY: Routledge.

Denham, S. A., & Burton, R. (2003). *Social and emotional prevention and intervention programming for preschoolers*. New York: Kluwer Academic/ Plenum.

Denham, S. A., & McKinley, M. (1993). Sociometric nominations of preschoolers: A psychometric analysis. *Early Education and Development, 4*(2), 109–122.

Denham, S. A., Bassett, H. H., Thayer, S. K., Mincic, M. S., Sirotkin, Y. S., & Zinsser, K. (2012). Observing preschoolers' social-emotional behavior: Structure, foundations, and prediction of early school success. *The Journal of genetic psychology, 173*(3), 246–278.

Dunlap, G., Strain, P. S., Fox, L., Carta, J. J., Conroy, M., Smith, B. J., et al.(2006). Prevention and intervention with young children's challenging behavior: Perspectives regarding current knowledge. *Behavioral Disorders, 32*(1), 29–45.

Dunn, J., Bretherton, I., & Munn, P. (1987). Conversations about feeling states between mothers and their young children. *Developmental psychology, 23*(1),

132–139.

Egger, H. L., & Angold, A. (2006). Common emotional and behavioral disorders in preschool children. Presentation, nosology, and epidemiology. *Journal of Child Psychology and Psychiatry, 47*(3–4), 313–337.

Eisenberg, N., Fabes, A., & Murphy, C. (1996). Parent's reaction to children's negative emotion: Relations to children's social competence and comforting behavior. *Child Development, 67*(5), 2227–2247.

Feldman, C. M. (1997). Childhood precursors of adult interpartner violence. *Clinical Psychology: Science and Practice, 4*(4), 307–334.

Ford, M. F. (1982). Social cognition and social competence in adolescence. *Developmental Psychology, 18*, 323–340.

Gresham, F. M. (2002). Best practices in social skills training. In A. Thomas & J. Grimes (Eds.), *Best practices in school psychology* (4th ed., pp.1041–1056). Maryland: National Association of School Psychologists.

Havighurst, S. S., Wilson, K. R., Harley, A. E., Kehoe, C., Efron, D., & Prior, M. R. (2013). "Tuning into Kids": Reducing young children's behavior problems using an emotion coaching parenting program. *Child Psychiatry & Human Development, 44*(2), 247–264.

Howse, R. B., Calkins, S. D., Anastopoulos, A. D., Keane, S. P., & Shelton, T. L. (2003). Regulatory contributors to children's kindergarten achievement. *Early Education and Development, 14*(1), 101–120.

Hughes, C. J., Kaul, P., Adve, S. V., Jain, R., Park, C., & Srinivasan, J. (2001). Variability in the execution of multimedia applications and implications for architecture. *ACM SIGARCH Computer Architecture News, 29*(2), 254–265.

Hyson, M. (2004). *The emotional development of young children: Building an emotion-centered curriculum* (2nd ed.). New York: Teachers College Press.

Izard, C. E., Trentacosta, C. J., King, K. A., & Mostow, A. J. (2004). An emotion–based prevention program for Head Start children. *Early Education & Development, 15*(4), 407–422.

Johnson, J. E., Christie, J. F., & Yawkey, T. D. (1999). Play and development. *Play and early childhood development* (pp.25–52). New York, NY: Addison Wesley Longman.

Johnson, K. E., & Mervis, C. B. (1994). Microgenetic analysis of first steps in children's acquisition of expertise on shorebirds. *Developmental psychology, 30*(3), 418.

Katz, L. G., & McClellan, D. E. (1997). *Fostering children's social competence: The teacher's role*. Washington DC: NAEYC.

Kostelnik, M., Whiren, A., Soderman, A., & Gregory, K. (2009). **영유아의 사회정서 발달과 교육** [*Guiding children's social development and learning*]. (박경자, 김송이, 권연희, 김지현 역). 경기 파주: 교문사. (원저 2009 출판)

Ladd, G. W., Birch, S. H., & Buhs, E. S.(1999). Children's social and scholastic lives in kindergarten: Related spheres of influences?. *Child Development, 70*, 1373–1400.

Ladd, G. W., Kochenderfer, B. J., & Coleman, C. C. (1996). Friendship quality as a predictor of young children's early school adjustment. *Child development, 67*(3), 1103–1118.

Lavigne, J. V., Arend, R., Rosenbaum, D., Binns, H. J., Christoffel, K. K., & Gibbons, R. D. (1998). Psychiatric disorders with onset in the preschool years: II. Correlates and predictors of stable case status. *Journal of the American Academy of Child & Adolescent Psychiatry, 37*(12), 1255–1261.

Masten, A. S., & Coatsworht, J. D.(1998). The development of competence in favorable and unfavorable environments: Lessons from research on successful children. *American Psychologist, 53*(2), 205–220.

McCabe, P. C., & Altamura, M. (2011). Empirically valid strategies to improve social and emotional competence of preschool children. *Psychology in the Schools, 48*(5), 513–540.

McClellan, D., & Katz, L. (2001). Assessing young children's social competence. (ERIC Document Reproduction Service No. ED 450953).

McClelland, M., & Morrison, F. J. (2003). The emergence of learning-related social skill in preschool children. *Early Childhood Research Quarterly, 18*(2), 206–224.

McClelland, M. M., & Hansen, E. E. (2001). A follow-up of children with poor work-related skills: Do problems persist at the end of elementary school. *In Poster presented at the annual meeting of the Society for the Scientific Study of Reading, Boulder*, CO.

McClelland, M. M., Cameron, C. E., Wanless, S., & Murray, A. (2007). Executive function, behavioral self–regulation, and social–emotional competence: Links to school readiness. In O. N. Saracho, & B. Spodek (Eds.), *Contemporary perspectives in early childhood education: Social learning in early childhood education* (pp. 83–107). Charlotte, NC: Information Age.

McClelland, M. M., Morrison, F. J., & Holmes, D. H. (2000). Children at–risk for early academic problems. The role of learning–related social skills. *Early Childhood Research Quarterly, 15,* 307–329.

Miller, A. L., Gouley, K. K., Seifer, R., Zakriski, A., Eguia, M., & Vergnani, M. (2005). Emotion knowledge skills in low income elementary school children: Associations with social status and peer experiences. *Social Development, 14*(4), 637–651.

NICHD Early Child Care Research Network (2002). Early child care and children's development prior to school entry: Results from the NICHD Study of Early Child Care. *American educational research journal, 39*(1), 133–164.

NICHD Early Child Care Research Network (2003). The NICHD Study of Early Child Care: Contexts of development and developmental outcomes over the first seven years of life. *Early child development in the 21st century,* 181–201.

Nigg, J. T., & Hinshaw, S. P. (1998). Parent personality traits and psychopathology associated with antisocial behaviors in childhood attention–deficit hyperactivity disorder. *The Journal of Child Psychology and Psychiatry and Allied Disciplines, 39*(2), 145–159.

O'Malley, J. M. (1977). Research perspective on social competence. *Merrill-Palmer Quarterly of Behavior and Development, 23*(1), 29–44.

Raver, C. C., & Ziegler, E. F. (1997). Social competence: An untapped dimension in evaluating Head Start's success. *Early childhood research quarterly, 12*(4), 363–385.

Raver, G. C. (2002). Emotions matter: Making the case for the role of young children's emotional development for early school readiness. *Social Policy Report, 16*, 3–18.

Rhoades, B. L., Warren, H. K., Domitrovich, C. E., & Greenberg, M. T. (2011). Examining the link between preschool social–emotional competence and first grade academic achievement: The role of attention skills. *Early Childhood Research Quarterly, 28,* 182–191.

Riggs, N. R., Jahromi, L. B., Razza, R. P., Dillworth-Bart, J. E., & Mueller, U. (2006). Executive function and the promotion of social-emotional competence. *Journal of Applied Developmental Psychology, 27*(4), 300–309.

Rim-Kaufmann, S. E., & Pianta, R. C. (2000). An ecological perspective on the transition to kindergarten: A theoretical framework to guide empirical research. *Journal of Applied Developmental Psychology, 21*(5), 491–511.

Rim-Kaufmann, S. E., & Pianta, R. C., & Cox, M. J. (2000). Teacher's judgments of problems in the transition to kindergarten. *Early Childhood Research Quarterly, 15*(2), 147–155.

Rothbart, M. K., Ahadi, S. A., Hershey, K. L., & Fisher, P. (2001). Investigations of temperament at three to seven years: The Children's Behavior Questionnaire. *Child development, 72*(5), 1394–1408.

Salmon, K., Evans, I. M., Moskowitz, S., Grouden, M., Parkes, F., & Miller, E. (2013). The competence of young children emotional knowledge: Which are enhanced by adult emotion talk?. *Social Development, 22,* 94–110.

Sethi, A., Mischel, W., Aber, J., Shoda, Y., & Rodriquez, M. (2000). The role of strategic attention in the development of self-regulation: Predicting preschoolers' delay of gratification from mother-toddler. *Developmental Psychology, 36*, 1488–1495.

Shaffer, D. R. (2000). *Social and personality development* (4th ed.). Belmont, CA: Wadssortrh/Tomson Learnng.

Shields, A., Dickstein, S., Seifer, R., Giusti, L., Dodge Magee, K., & Spritz, B. (2001). Emotional competence and early school adjustment: A study of preschoolers at risk. *Early Education and Development, 12*(1), 73–96.

Shonkoff, J. P., & Phillips, D. A. (2000). Committee on Integrating the Science of Early Child Development. Board on Children, Youth and Families, National Research Council and Institute of Medicine. *From neurons to neighborhoods: The science of early childhood development.* Washington, DC: National Academy Press.

Shure, M. B. (2001). I can problem solve (ICPS): An interpersonal cognitive problem solving program for children. *Residential Treatment for Children & Youth, 18*(3), 3–14.

Squires, J., & Bricker, D. (2007). *An activity-based approach to developing young children's social emotional competence.* Baltimore: Paul H Brookes Publishing.

Webster-Stratton, C., & Reid, M. J. (2004). Strengthening social and emotional competence in young children—The foundation for early school readiness and success: Incredible Years Classroom Social Skills and Problem-Solving Curriculum. *Infants & Young Children, 17*(2), 96–113.

Wentzel, K. R. (1993). Does being good make the grade? Social behavior and academic competence in middle school. *Journal of Educational Psychology, 85*(2), 357–364.

상호작용 속에서 찾은

CHAPTER 4

유아의 사회 · 정서 유능감

상호작용

속에서

찾은

유아의

사회 · 정서

유능감

여는 글

> 유치원 등원시간. 저 멀리서부터 유치원으로 뛰어 들어오는 아이, 친구와 손을 잡고 재잘재잘 이야기를 나누며 걸어오는 아이, 왠지 모르게 처진 어깨로 무표정하게 교실에 들어서는 아이…

유치원에 등원하는 유아들의 표정과 대화, 몸짓은 많은 것을 보여준다. 유치원에 오기까지 있었던 사건, 그로 인한 다양한 감정, 그리고 그 감정을 표현하는 저마다의 방식, 내적 또는 외적인 갈등을 해결하고자 하는 태도 등은 유아가 정서적 · 사회적 존재임을 충분히 드러냄과 동시에 사회 · 정서 유능감이 높은 유아인가 그렇지 못한가에 대해서도 나타내고 있다.

이처럼 하루를 시작하기 위한 짧은 등원 시간의 유아들의 모습에서 사회 · 정서 유능감을 발견할 수 있다면 하루를 지내는 동안에는 얼마나 많은 정서의 경험과 교류가 일어나고 사회적 상호작용이 일어나는 것인가 또, 이를 통해 사회 · 정서 유능감이 어떻게 형성되고 얼마나 발달해갈 것인가?

또래 간의 또는 성인과의 상호작용 속에는 유아의 다양한 감정이 담겨 있고, 또래 및 성인과의 관계를 형성하고 유지하기 위한 사회적 기술과 그 수준이 담겨 있으며, 각각의 유아가 지닌 성향과 태도도 담겨 있다. 특히 또래 혹은 성인과의 의미 있는 상호작용은 다른 영역의 발달과 마찬가지로 사회 · 정서 유능감의 발달과 직결된다. 따라서 유아–유아, 유아–교사 또는 성인과의 상호작용이 어떻게 유아의 사회 · 정서 유능감과 관련되는지 주목할 필요가 있다. 이를 통해 유아의 사회 · 정서 유능감의 발달에 대해 보다 잘 이해할 수 있기 때문이다.

앞선 장에서 말한 바와 같이 사회 · 정서 유능감에 대한 정의와 그 구성요인은 학자별로 다르고 사회 · 정서 유능감을 이해하기 위한 관점과 접근도 다양하다. 본 장에서는 유치원 현장에서의 유아–유아, 유아–교사의 상호작용 사례 중에서 정서적 요인에 초점을 맞춘 '마음의 문을 여는 유아' 편과 사회적 요인에 초점을 맞춘 '관계 안으로 들어가는 유아' 편으로 나누어 유아의 사회 · 정서 유능감이 드러나는 구체적 상황과 상호작용에 대해 살펴보고자 한다.

마음의 문을 여는 유아

인간은 태어나면서부터 수많은 정서를 경험한다. 영유아는 성장과정에서 자신이 경험한 감정이 무엇인지 점차 인식하게 되고 그 감정이 다양함을 알게 되며, 내가 아닌 다른 사람에게도 이와 같은 감정이 있음을 깨닫게 된다. 언어로 정서를 표현하기 전의 영아들은 표정과 울음 등으로 다양한 상황에서 느끼는 감정과 상태를 표현하지만 유아들은 점차 다양한 정서적 어휘를 통해 자신의 정서를 표현하기 시작한다. 이러한 정서의 표현과 교류를 통해 다른 사람의 정서에 대해서도 잘 이해하고 공감하게 되며 타인의 정서를 표현하는 능력도 발달하게 된다. 그리고 자신이 경험하는 정서를 조절해야 하는 상황에서 어떻게 효과적으로 조절할 수 있는지를 배워나가게 된다. 이는 유아가 자기의 마음을 깨닫고 그 마음을 읽어주고 알아주는 사람(성인)들을 통해 다른 사람의 마음을 읽을 수 있게 되고 비로소 자신의 마음을 열어가게 되는 과정이라고 볼 수 있다. 자신과 타인에 대한 마음의 문을 열지 않으면 타인과의 원만한 관계 속으로 들어가기 어렵다. 따라서 마음의 문을 여는 과정, 즉 정서적 유능감을 키워가는 과정이 선행되어야 한다. 물론 유아들의 상호작용 속에서 정서적 경험과 사회적 경험은 순차적으로 일어날 수도 있고 각각 또는 동시에 일어날 수도 있다. 또한 정서적 요인인 자기 정서인식, 타인 정서이해, 정서표현, 정서조절 역시 각각 나타나기도 하고 혼합되어 나타날 수도 있다. 이러한 점을 염두에 두고 이제 정서를 인식하고 이해하며, 표현하고 조절하면서 마음의 문을 열어가는 유아들의 이야기를 들어보자.

자기 정서인식

다음은 만 4세 학급에서 교사와 유아들이 여러 가지 감정에 대한 이야기를 나누고 있는 장면이다. 이를 통해 유아들이 다양한 정서에 대해 인식하고 있으며 이를 표현할 수 있음을 알 수 있다. 또한, 교사는 유아가 느끼고 있는 정서의 종류에 대해서만 이야기해보도록 하는 것이 아니라 각각의 정서를 경험하게 되는 구체적 상황에 대해 이야기 나눔으로써 유아 자신이 경험한 여러 가지 정서를 구분하고 이해할 수 있는 기회를 제공하고 있다. 유아가 인식한 자신의 정서를 표현해보는 기회를 갖는 것은 자기 정서표현뿐 아니라 타인과의 정서 교류를 통해 타인의 정서를 이해하는 데까지 영향을 미친다.

내 마음은 여러 가지예요

교사: 우리가 느끼는 기분(감정)은 어떤 것들이 있을까?

유아: 기쁨/ 슬픈 기분이요./ 행복한 거요./ 속상한 거요./ 재밌는 기분./ 웃음/ 짜증/ 화나는 것.

교사: 그런 기분은 언제 느끼니?

유아: (기쁨) 선물을 받을 때요./ 아빠가 안아줄 때요./ 유치원에서 게임에서 이겼을 때.

(슬픔) 엄마가 보고 싶을 때./○○이가 미국으로 가서 유치원을 그만뒀을 때요./ 할머니가 아프셨을 때...

(속상함) 도미노를 힘들게 만들었는데 갑자기 무너졌을 때요./ 친구랑 싸웠을 때./ 내가 안 그랬는데 아빠는 자꾸 내가 잘못했다고 해요./ 감기 걸려서 나만 아이스크림을 못 먹었을 때요.

(화남) 동생이 내 얼굴을 할퀴었을 때./ 바깥놀이에서 친구가 나를 밀었어요./ 엄마가 자꾸 나한테만 양보하라고 할 때요.

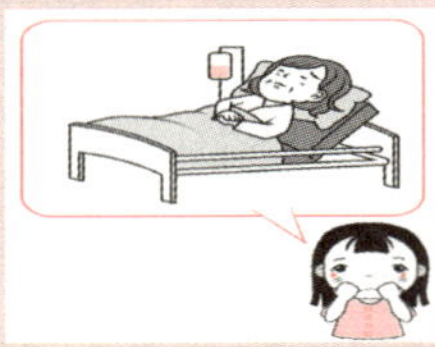

유아의 정서인식을 돕기 위한 교사의 지원

유아의 다양한 정서적 상황에 반응하고 정서적 반영해주기

유아의 정서적 유능감은 자신이 느끼고 경험한 다양한 정서에 대해 교사 또는 부모와 이야기를 나눌 때 증진된다(Calkins & Wilford, 2009). 어린 유아들은 성인과의 대화 속에서 자신의 정서상태가 어떠한지 인식하게 되고, 성인이 그 정서에 대해 표현하는 것을 듣고 정서를 표현하는 방법을 배우게 된다. 유아가 경험하게 되는 정서에 대해 교사가 그때그때 반응해주는 것은 유아가 정서와 관련된 내적 단서와 상황적 단서를 이해할 수 있도록 돕는 방법이다. "윤서 얼굴을 보니까 지금 화가 났나 보네.", "친구가 혼자 가버려서 슬펐니?", "그림을 다 완성해서 기분이 좋았구나."와 같이 유아가 보이는 정서와 그 표현들을 반영해주는 것은 자신의 추상적이고 내적인 상태를 보다 구체적으로 이해할 수 있도록 해준다(Epstein, 2009). 따라서 교사는 다양한 상황에서 정서적 반영을 해줌으로써 유아가 일상적으로 경험하는 자신의 감정을 잘 이해하고, 과거의 정서적 경험과 통합시키며 여러 가지 정서를 구분할 수 있도록 도와야 한다.

타인 정서이해

자신의 정서를 인식하고 이해하며 수용할 줄 알게 된 유아들은 비로소 타인의 정서를 이해할 수 있게 된다. 타인의 정서를 인식하고 해석하는 능력은 유아가 성장함에 따라 더욱 정교해진다(Kostelnik, Whiren, Soderman, & Gregory, 2009).

마 음 에 는　밴 드 를　붙 일　수 가　없 잖 아

은하: 너는 너무 뚱뚱해. 그래서 너랑 놀기 싫어~

민주: 선생님~ 은하가 나더러 뚱뚱하대요.

교사: 은하야, 민주한테 그렇게 말한 게 사실이니?

은하: 네. 그런데 진짜로 민주는 뚱뚱하잖아요.

교사: 우리는 모두 다르게 생겼어. 키가 큰 친구도 있고, 작은 친구도 있고, 마른 친구도 있고, 뚱뚱한 친구도 있지. 그런데 **뚱뚱해서 놀기 싫다는 말을 민주가 들었을 때 마음이 어땠을 것 같니?**

은하: 음… 속상해요.

교사: 민주 마음에 상처가 났을 거 같은데, 어떻게 해야 마음에 난 상처를 치료해줄 수 있을까?

은하: 몰라요! 그렇다고 약을 바를 수도 없잖아요.

교사: 그래. 몸에 생긴 상처에는 약을 바를 수도 있고 밴드를 붙일 수도 있는데, 마음에 난 상처는 그럴 수가 없대. 그리고 몸의 상처는 눈에 보여서 누군가 치료해주고 도와줄 수 있지만 마음의 상처는 눈에 보일까?

은하: 아니요. 안 보여요.

교사: 그래서 마음에 난 상처는 다른 사람이 치료해줄 수도 없대. 그러면 어떻게 할까?

은하: 다음부터는 안 그럴게요. 그리고 민주한테 미안하다고 할 거예요.

<다음 날>

은하: 얘들아, 너네 친구한테 심한 말 하면 안 돼.

지용: 왜?

은하: 심한 말, 속상하게 하는 말, 그런 말은 마음에 상처를 주잖아. 근데 마음에는 밴드를 못 붙여.

준희: 그게 무슨 말이야?

은하: 그러니깐 처음부터 친구한테 심한 말인가 아닌가 생각해보고 말해야 된다고. 한번 마음에 상처가 생기면 고칠 수가 없을지도 모르니까…

유아들의 다양한 갈등 중의 하나는 친구를 놀리거나 놀이를 제안했을 때 거절하는 상황에서 발생한다. 이 사례에서 교사는 유아가 친구를 놀리거나 거부하는 상황에서 친구가 느끼게 될 감정에 대해 이해하도록 상호작용하고 있다. 또한 유아가 한 행동이나 말로 상대방이 부정적 정서를 경험하게 되었을 때 그것을 회복하는 것이 쉽지 않다는 사실을 대화를 통해 깨달을 수 있도록 돕고 있다. 그러자 유아는 교사와 나누었던 이야기의 내용을 다른 친구들에게 적용하여 대화하는 모습을 볼 수 있다. 이처럼 타인의 정서를 이해하는 능력은 곧 사회적 관계 안에서 바람직한 방법으로 자신의 정서와 행동을 조절하는 능력으로 연결된다.

유아가 타인의 정서를 이해하고 수용할 수 있도록 돕기 위해서 교사는 유아가 타인의 특정한 정서를 유발하게 되는 상황을 알고 그 입장이 되어 정서를 이해할 수 있도록 그 기회를 놓치지 않는 것이 중요하다고 볼 수 있다.

유아의 타인 정서이해를 돕기 위한 교사의 지원

 # 일상의 문제 상황을 통해 타인의 정서를 이해하도록 돕기

교사는 일상생활에서 나타나는 유아의 정서에 대해 관심을 갖고 이야기를 나누면서 자신과 타인의 정서 상태에 대해 이해하고 공유하는 기회를 자주 접하도록 지원할 필요가 있다. 유아는 놀이나 일상에서 나타나는 갈등이나 문제 상황을 접하고 해결해 나가는 과정에서 자신뿐 아니라 또래 친구들이 느끼는 감정에 대해 이해하고 자신과 타인의 정서를 조절하는 경험을 하게 되는데, 이를 통해 사회적 관계 속에서 정서를 관리하고 수용하는 데 보다 능숙해지게 된다.

정서표현

유아는 성장해감에 따라 더 복잡하고 구체적인 정서적 표현을 할 수 있게 된다. 기본적인 정서에 대해 표현하던 유아들은 점점 복잡한 정서에 대해 표현하거나 복합적인 정서를 인식하고 표현하기도 한다. “나 지금 화가 났어. 너랑 놀지 않을 거야!”라고 직접적으로 정서를 표현하기도 하고, “(졸업하는) 형님들을 축하해주고 싶은데 슬프기도 해서, 내 마음이 보글보글해요.” 하고 말하는 것과 같이 두 가지 이상의 복합된 정서를 표현하기도 한다. 또한 기쁘기도 하고 아쉽기도 한 복잡한 정

너희들의 마음은 어떤 색이니?

교사: 우리가 느끼는 기분이나 마음에 각기 다른 색깔이 있다면 어떤 색일 것 같니?

유아: 기쁜 마음은 노랑이에요. 해님처럼 환하잖아요.
기쁜 마음은 빨강이에요. 제가 좋아하는 색깔이니까요.
난 빨강은 화가 난 것 같아요. 마음속에서 불이 난 것 같으니까요.
행복한 마음은 분홍이에요. 너무 예쁘잖아요.
기쁜 마음은 파랑이에요. 바다에 가면 기쁘니까 파랑은 기쁜 색.
슬픈 색은 초록이에요. 난 미역국이 싫은데 미역은 초록… 나는 슬픈 건 싫어요.
웃음은 초록이에요. 웃을 때 기분이 좋을 때 상쾌하잖아요.
속상한 거는 보라색. 마음이 멍드는 것처럼 보라색이 될 것 같아요.

서를 보글보글하다고 표현한 것처럼 유아들은 자신만의 언어로 정서를 다양하게 표현한다.

위 상호작용 사례에서 유아들은 단순히 기본적인 정서의 종류를 나열하는 것에 그치지 않고 각각의 경험을 정서적 어휘를 활용한 언어로 표현하고, 그 정서를 느끼게 된 상황이나 이유에 대해서도 구체적으로 이야기하고 있다. 이러한 정서의 인식과 표현의 경험을 통해 유아들은 자신의 정서를 이해하고 수용하게 되며, 이는 타인의 정서를 이해하고 수용하는 기반이 된다. 자신과 타인이 겪은 다양한 상황 속에서의 정서적 경험에 대한 이야기들이 쌓이면서 유아들은 같은 상황에서 느낄 수 있는 정서가 다양함을 알게 되기도 하고, 한 가지 상황에서도 하나의 정서뿐만 아니라 여러 감정을 동시에 느낄 수 있는 복합적 정서에 대해 이해할 수 있게 된다. 또한 표현하기 어려운 복잡한 감정에 대해서도 점차 인식하고 표현하는 능력을 갖게 된다. 뿐만 아니라 자신의 감정을 이해하는 것에서 나아가 타인의 감정에 대한 폭넓은 조망도 가능해지게 된다. 따라서 교사는 다양한 정서어휘를 사용하여 정서적 경험에 대해 또래와 적극적으로 공유할 수 있는 기회를 제공해야 한다.

또한 유아가 긍정적 정서뿐 아니라 부정적 정서에 대해서도 자유롭게 표현할 수 있는 기회를 제공할 필요가 있다.

마음의 문이 쿵! 닫혔어요

교사: 마음의 문이 쿵! 하고 닫혀 버린다는 것은 무슨 뜻일까?

윤아: 그건 외로운 거예요.

정연: 속상하고 슬픈 마음이에요.

정호: 저는 화가 날 때 마음이 쿵! 닫혀요.

교사: 그러면 너희들은 왜 마음의 문이 닫혔었니?

정호: 아빠가 술을 많이 마시고 제 선물 레고를 사왔는데요, 자고 일어나면 아빠가 레고를 멋지게 다 만들어 놓을 거라고 했거든요. 그런데 아침에 일어나 보니 아빠는 레고상자에 테이프도 뜯지 않았어요. 왜 그렇게 아빠는 약속을 안 지키는지…

교사: 너희들도 정호가 말한 것처럼 마음의 문이 닫힌 적이 있었니?

송하: 엄마가 쓰레기를 버리러 갔는데 너무 오랫동안 안 돌아왔을 때요.

현우: 내일 아침에 국수해준다고 분명히 약속했는데 (다음 날 아침에) 엄마가 밥을 차려줬을 때요.

윤지: 유치원에 갈 준비할 때 아빠가 맨날 빨리 빨리 하라고 말하니까요.

은서: 내가 안 그랬는데 그랬다고 친구가 막… 자꾸 그럴 때요.

위 사례는 만 5세 유아들과 교사의 상호작용이다. 이 사례를 통해 유아의 사회 · 정서 유능감의 다양한 요인을 살펴볼 수 있다. 먼저, 유아들이 마음의 문이 닫힌다는 말의 의미에 대해 언어로 설명하는 장면에서 유아들은 자신의 정서를 인식하고, 다양한 정서어휘를 통해 정서를 표현하고 있음을 볼 수 있다. 사례에서 만 5세 유아들은 마음의 문이 닫힌다는 말을 부정적 정서로 표현하고 있으며 이러한 정서의 의미를 제대로 이해하고 있다. 사회 · 정서 유능감은 유아가 자신의 정서를 인식하고 그 정서의 의미를 이해하고 적절한 방법으로 표현하며 이를 조절할 수 있는 정서적 능력을 기반으로 사회적 기술과 사회적 문제해결능력을 포함하는 사회적 능력까지 통합한다. 즉 사회 · 정서 유능감은 자신의 정서를 이해하고 수용하는 것에서부터 시작된다. 사회적 관계 속에서 수용되고 타인과 균형을 이루며 갈등이 일어났을 때 이를 원만하게 해결할 수 있으려면 먼저 '나는 어떤 정서들을 경험하였는가?', '내가 경험한 정서를 스스로 어떻게 받아들이고 있는가?', '내가 경험한 정서를 적절한 방법으로 수용하고 표현하는가?'라는 부분을 잘 다루어야 한다는 것이다. 유아들은 때로 성인이 생각하는 수준보다 더 높은 정서인식과 이해능력을 갖추고 있음을 위의 사례를 통해 볼 수 있다. 따라서 교사는 유아들이 자신의 정서를 인식하고 수용하고 이해하는 수준을 잘 파악해야 하고 이에 적절한 상호작용을 통해 유아의 사회 · 정서 유능감의 발달을 지원해야 한다.

유아의 정서표현을 돕기 위한 교사의 지원

다양한 정서어휘를 활용한 정서표현 격려하기

교사는 정서를 표현하기 위한 여러 가지 단어를 사용하여 유아에게 들려줌으로써 유아가 감정을 나타내는 어휘를 다양하게 경험하고 연습하도록 도울 수 있다. 처음에는 기본 정서를 나타내는 어휘(기쁨, 화남, 슬픔, 두려움 등)를 말해주고 유사하지만 사용하지 않았던 새로운 어휘를 사용하며 다음에는 서로 다른 단어들을 복합적으로 사용하면서 유아가 맥락적으로 단어를 이해하도록 할 수 있다. 예를 들어, "친구가 블록을 무너뜨려 슬펐어? 네 마음이 속상했겠구나." 또는 "힘들게 쌓았는데 무너져서 실망했니?"라고 말하면서 유사한 정서를 표현할 수 있는 서로 다른 어휘를 사용하여 유아의 정서를 반영해준다. 이는 유아가 보이는 감정에 대해 표현하는 방법이 다양함을 알고 여러 정서어휘 중에서 선택하여 사용할 수 있도록 돕는다.

뿐만 아니라 유아가 자신만의 언어를 사용해서 정서를 표현하는 경우 이를 수용하고 격려해주며, 독창적인 유아의 표현에 담긴 의미를 이해하고자 노력해야 한다. 유아가 느끼고 있는 정서의 의미에 대해 질문하거나 더 많이 이야기를 나눔으로써 정확한 의미를 파악하고 필요할 때는 그것을 표현할 수 있는 적절한 정서어휘를 안내해 줄 수도 있다.

정서조절

사회·정서 유능감에서 가장 두드러진 요인이라 할 수 있는 정서조절은 유아가 정서적·사회적 상황에서 문제를 해결하기 위해 적절한 방법으로 자신의 정서를 억제하거나 증진하고, 유지하거나 전환하도록 하는 능력이다. 유아들은 연령이 증가함에 따라 점차적으로 다양하고 보다 정교한 전략을 사용하여 정서를 조절한다(Beisly, 2011).

다음의 상호작용 사례에서는 자신의 정서를 인식한 유아들이 이를 어떻게 조절하는지를 들여다볼 수 있다. 어떤 유아는 자신이 경험한 감정이 무엇인지는 인식하고 있으나 이를 조절할 수 있는 방법에 대해 상상적이고 비유적으로 이야기하고 있고, 어떤 유아는 부정적 감정의 해결에 대해 소극적인 태도를 보이기도 한다. 또한, 어떤 유아는 자신의 감정에 대해 객관적으로 사고해보거나 이를 해결하기 위해 보다 적극적인 태도를 취하기도 한다.

이처럼 유아들은 자신이 경험한 정서를 다루기 위해 다양한 방법을 사용한다. 이는 유아들의 발달 수준과 개인적 성향에 따라 다르게 나타나기도 한다. 자신의 정서를 조절하는 경험은 타인의 정서를 이해하고 조절하는 데 중요한 영향을 미치며 이는 다양한 관계 속에서 사회적 유능감을 형성하는 기반이 된다.

닫힌 마음의 문을 열려면?

교사: 그러면 쿵! 하고 닫혀 버린 마음은 어떻게 다시 열 수 있을까?

은주: 속상한 마음을 버려야죠.

교사: 속상한 마음, 화난 마음, 슬픈 마음, 외로운 마음들은 어떻게 해야 버려지지?

윤지: 꽁꽁 싸서 묶어서?

송하: 그럼 비행기처럼 접어서 날려버리면 어때요?

교사: 화가 났던 마음, 속상했던 마음들을 써서 비행기로 접어 날리자는 뜻이니?

송하: 네.

교사: 그럼 우리 지금 종이에 접어 날리고 싶은 마음들을 먼저 적어볼까?

윤아: 아니에요. 마음은 그렇게 날린다고 사라지는 게 아니에요.

교사: 그렇다면 어떻게 해야 할까?

현우: 그럼 그냥 참아야지요. 뭐~

정연: 우리 엄마는 참는다고 좋은 게 아니라고 했어요. 저는 속상하고 화가 날 때 내 방으로 들어가서 가만히 생각을 해요. 그러면 어떤 때는 그게 진짜로 많이 속상한 게 아닐 때도 있어요. 근데 그러다 보면 마음이 괜찮아지거든요.

은서: 저는 동생이 저를 괴롭힐 때 너무 화가 나고 속상한데요, 엄마한테 일러요. 그러면 엄마가 동생을 혼내주거든요. 그러면 괜찮아질 수도 있어요.

눈물의 수도꼭지는 잠글 수가 없어요 - 정서조절

아름이는 학기 초 등원하면서 며칠간 계속 울고 있다.

교사: (현관에서 무릎에 앉혀 놓고) 아름아, 오늘도 유치원에 오는 게 힘들어서 우는 거야?

아름: 네. 엄마랑 헤어져야 하잖아요.

교사: 교실에 들어가면 이제 재미있는 것들이 많을 텐데… 이제 눈물 그치고 들어가 볼까?

아름: 선생님, 그런데 자꾸 눈물이 나와요. 이제 그만 울고 싶은데 눈물이 안 멈춰요.

교사: 그렇구나. 아름이 마음속에 눈물 수도꼭지가 있는 것 아니야?

아름: (울면서 미소 짓는다) 그건 좀 웃긴데? 그런데 내 눈물 수도꼭지를 잠글 수가 없어요.

교사: 그럼 어쩌지? 눈물의 수도꼭지가 아름이 속에 있어서 선생님이 대신 잠가주고 싶어도 잠가줄 수가 없네. 혹시 시간을 조금 더 주면 아름이 눈물이 멈출 수 있을까?

아름: 네. 시간이 필요해요. 그럼 내가 수도꼭지를 잠글 수 있을 거 같아요.

위 사례에서 만 4세 아름이는 교사와의 대화 속에서 자신의 슬픈 감정을 전환하고자 노력하고 있지만 어렵다는 것을 표현하고 있다. 교사는 유아가 자신의 감정이 무엇인지 인지하도록 상호작용하면서 감정의 전환을 강요하거나 직접적으로 자기조절의 전략을 제시하지는 않고 있다. 대신 유아에게 여유를 두고 자발적으로 감정을 관리할 수 있도록 돕는다. 이러한 기회를 통해 유아는 자신이 단순한 감정의 전환만이 아니라 정서적 관리가 요구되는 상황에서 자발적인 노력이나 통제를 통해 능동적으로 행동할 수 있는 능력을 갖게 된다(조유진, 2018). 또한 정서조절의 경험이 쌓이면서 점차 유아들은 상황을 바꿀 수 없을 때 자신의 감정이나 행동을 전환하고자 하게 되며(Eisenberg & Morris, 2002), 사회적 규칙에 따라 정서와 행동을 조절하는 데 능숙해져간다(Beisly, 2011). 유아가 사용할 수 있는 정서조절 전략을 가르치는 방법은 다양하다. 그러나 유아 스스로 정서를 조절해야 하는 상황에서 자신만의 정서조절 전략을 개발할 수 있도록 기다려주고 효과적으로 사용할 수 있도록 연습할 수 있는 기회를 주는 것이 무엇보다 중요하다.

다음의 사례에서는 유아들이 가진 자기만의 정서조절 전략을 또래와 공유하고 교류하는 모습을 살펴보자.

내 마음은 점토 같아요 - 정서조절

교사: 우리들의 마음을 물건으로 표현할 수 있을까?

승호: 점토예요. 내 마음은 점토요.

교사: 승호 마음이 어떤 마음일 때 점토라고 생각했어?

승호: 점토는 속상한 마음이에요. 처음에는 말랑말랑하지만 나중에는 딱딱해지니까요.

교사: 그렇구나. 말랑말랑했다가 딱딱해지는 점토처럼 마음은 그렇게 변하는구나.

윤우: 제 마음은 종이였다가 점토가 되요. 화가 날 때는 찢어버리고 싶어서 종이인데 점토가 되면 신나는 마음이 돼요. 말랑말랑해서 점토는 만지면 신나요.

유리: 내 마음이 화가 날 때 레고같아요. 레고처럼 단단하고 울퉁불퉁하니까요.

교사: 정말 재미있는 생각이네? 그런데 아까 승호랑 윤우가 말했던 것처럼 마음은 이랬다가도 저렇게 바뀔 수가 있구나. 혹시 지금은 이런 마음인데 나는 다른 마음으로 바꾸고 싶어요~ 하는 친구가 있니?

현규: 나는 점토 같은 마음을 종이로 만들고 싶어요.

교사: 그건 무슨 뜻이니? 왜 그렇게 생각했어?

현규: 점토같이 신나는 마음을 중간으로 바꾸고 싶어서요. 너무 신날 때는 마음이 춤추는 것처럼 빨라지는데 그러다 너무 빨리 밥을 먹으면 체할 수도 있어요. 그러니깐 중간으로 바꿔요.

교사: 아~ 신나서 흥분되는 마음을 조금 편안하게 만들고 싶다는 뜻이니?

현규: 네.

교사: 그런데 우리가 마음을 말랑말랑한 것에서 단단한 것으로 또는 딱딱한 것에서 부드러운 것으로 바꾸려면 어떻게 해야 할까?

서준: 기분이 안 좋으면 엄마한테 핸드폰을 보여달라고 해요.

은지: 생각을 해요. 내가 화가 나서 "아이 씨~"라고 했는데 엄마가 다시 생각해 보라고 해서 제가 가만히 앉아서 생각했어요.

윤진: 속상한 마음이 들면 신나게 놀아요. 친구랑 같이 놀다 보면 기분이 좋아져요.

나현: 이야기를 해요. 친구랑 이야기를 하면 기분이 바뀔 수 있어요.

능후: 나쁜 마음을 바꾸려면 노력과 도전이 필요해요.

교사: 모두 정말 멋진 방법들을 가지고 있구나. 기분이나 마음을 바꾸는 것은 쉽지 않지만 이렇게 여러 가지 방법으로 바꿀 수 있구나.

위 사례에서는 만 5세 유아들이 사물을 활용하여 은유적이고 추상적인 표현방법으로 자신의 감정과 정서를 표현하고 있다. 감정을 인식함과 동시에 표현이 나타나는 정서인식의 초기 단계와는 달리 유아들이 성장해가면서 정서를 표현하는 방법도 다양해지고 보다 성숙한 언어와 사고수준으로 발달해가고 있음을 알 수 있다. 교사가 유아들에게 친숙한 물건을 제시하면서 정서를 표현하는 방법을 직접적인 언어로써뿐 아니라 비유를 통해 자유롭고 다양하게 표현해보는 기회를 제공하고 있다. 뿐만 아니라 유아가 자신의 경험을 토대로 정서조절 전략을 또래들과 공유할 수 있도록 격려하고 있다("우리의 마음을 바꾸려면 어떻게 해야 할까?"). 그러자 유아들은 각자가 마음을 바꿀 수 있는 자신만의 방법을 이야기하고 있다. 유아가 자신만의 정서조절 전략을 갖고 이를 사용해서 정서조절에 성공하게 될 때 사회 · 정서적 유능감은 증진된다. 또한 자신의 정서조절 전략과 경험을 또래와 나눔으로써 더욱 다양한 정서조절의 방법이 있음을 알게 되고, 타인의 정서나 그 정서를 조절하는 방법을 존중하고 이해하게 됨으로써 타인 정서의 인식 및 조절에 대한 유능성을 증진시킬 수 있다.

유아의 정서조절을 돕기 위한 교사의 지원

 # 유아가 부정적 상황에서 자신의 정서를 조절할 수 있도록 돕기

흥분하거나 분노하거나 두려움을 느끼는 등 유아가 부정적인 정서를 경험하는 상황에 놓였을 때 교사는 유아가 정서를 조절하도록 돕기 위해 먼저 유아가 느끼는 감정을 수용하고 반응해준다. 예를 들어, "지금 많이 화가 났구나?", "갑자기 불이 꺼져서 무서웠어?", "친구가 널 놀려서 많이 속상했겠구나." 등 정서적 반영을 한 뒤, 유아가 사용할 수 있는 정서조절 전략을 가르쳐 준다. 정서조절 전략을 습득하도록 하기 위한 방법은 대화하기, 시범 보이기, 비슷한 정서를 경험한 다른 유아의 모습을 관찰하게 하기, 유아가 스스로 해결할 수 있도록 기다려주기 등 다양하다. 만약 유아 스스로 정서를 조절하는 모습이 보인다면 그것에 대해 말해줌으로써 유아 자신이 정서조절의 경험을 명확히 인식하도록 하고 유사하거나 다른 상황에서 성공적으로 정서를 조절하도록 도울 수 있다(Kostelnik et al., 2009).

정서를 조절할 수 있는 다양한 방법을 알고 사용할 수 있도록 돕기

유아들이 정서조절 전략을 갖도록 돕기 위해 교사는 직접적으로 다양한 방법을 안내할 수도 있고(예: "화가 날 때는 크게 세 번 숨을 쉬고 천천히 다시 생각해보자"), 유아가 스스로 정서조절 전략을 찾아가도록 도울 수도 있다(예: "너무 신이 난 나머지 교실에서 막 뛰고 싶을 때 어떻게 하면 좋을까?"). 또는 유아가 자신의 정서를 조절했던 경험에 대한 이야기를 나눔으로써(예: "속상했던 마음이 괜찮아졌던 적이 있었니? 어떻게 하면 될까?") 스스로 정서조절 전략을 찾게 할 수도 있다. 이처럼 다양한 접근을 통해 유아가 자신의 정서를 적절한 강도와 방법으로 조절할 수 있음을 알고, 일상생활에서 정서조절 전략을 사용해 볼 수 있도록 도와야 한다.

관계 안으로 들어가는 유아

앞서 우리는 마음의 문을 열어 자신과 타인의 정서를 이해하고 여러 가지 방법으로 표현하며 바람직한 방법으로 정서를 조절하고 관리하는 유아들의 모습을 살펴보았다. 이러한 유아들은 이제 관계 안으로 들어갈 준비를 갖추었거나 어쩌면 이미 원만한 관계 안에 있다고 할 수 있을 것이다. 바람직한 사회적 관계를 형성하고 적응하며 이를 원만하게 유지하기 위해서는 사회적 지식과 기술을 습득하고 갈등 속에서 문제를 해결할 수 있는 능력, 자기조절과 타인에 대한 공감 · 조망과 관련된 사회적 유능감이 요구된다. 유아와 교사의 상호작용 속에서 유아들이 어떠한 모습으로 (사회적) 관계 안으로 들어가는지와 이를 위해 필요한 교사의 역할은 무엇인지를 살펴보자.

또래관계 형성 기술

유아들이 또래와의 관계를 형성하기 위해서는 다가가는 시도와 수용하는 태도가 필요하다. 사회적 관계 속으로 들어가기 위해서 단순히 그 관계로 돌진하는 것이 아니라 관찰하고, 가까이 다가가고, 주의 깊게 듣고 반응하면서 자연스럽게 관계 안으로 접근해야 한다(Rubin, 2003). 사회적 관계를 형성하기 위해서는 언어적으로든 비언어적으로든 상대방에게 다가가기 위한 노력이 필요하다. 사귀고 싶은 친구에게 말을 걸거나 그 친구의 이야기에 반응하거나 미소 짓거나 가까이 가는 것 등이 모두 관계형성을 위한 시도가 될 수 있다. 그러나 유아 교실에서는 물리적 · 정서적으로 낯선 학기 초 상황에서의 유아나 성격과 성향상 소극적인 유아, 사회적 지식과 기술이 부족한 유아들이 관계를 형성하는 데 어려움을 느끼는 모습을 종종 볼 수 있다.

자유놀이 시간에 은수는 교실을 배회하고 있다. 놀이를 선택하거나 친구들 사이에 들어가지 못하고 다른 친구들을 잠시 물끄러미 쳐다보기도 하고, 땅바닥에 시선을 두고 천천히 돌아다니기도 한다. 두 명의 친구가 앉아 게임을 하며 웃고 이야기를 나누는 모습을 조금 떨어져서 바라보다가 결국 놀이에 참여하거나 친구들에게 말을 걸지 못하고 주위를 두리번거린다. 교사가 다가가 "은수야, 무슨 놀이를 하고 싶니? 친구들과 함께 놀면 어떨까?" 하고 물어보았으나 고개를 가로젓는다. "그럼 선생님이랑 함께 놀까?" 하니, 작은 소리로 "네."라고 답한다.

위 사례에서 만 4세 은수는 또래관계 속으로 들어가기 어려워하고 있다. 은수가 친구들의 놀이를 잠시 쳐다보거나, 놀이하는 친구들의 사이를 돌아다니는 모습은 또래와 함께 놀이하고 싶거나 놀이집단에 끼고 싶은 마음을 보여주고 있다. 물론 이러한 모습을 보이는 모든 유아들이 사회적 관계 속에서 머물기를 바라는 것은 아니다. 혼자 놀이를 하기 원하는 경우도 있고, 단지 놀이를 선택하는 데 시간이 걸리는 경우도 있다. 그러나 교사는 유아의 행동, 즉 친구들의 놀이를 쳐다보거나 놀이집단 근처에 있으나 머뭇거리는 모습, 친구들에게 말을 건네기 주저하는 모습 등을 통해 유아가 또래집단에 적극적으로 참여하는 것을 어려워하고 있음을 인지할 수 있다. 그리고 교사는 이런 유아가 자연스럽게 긍정적 관계를 형성할 수 있도록 지원할 필요가 있다. 미소를 짓고 즐겁게 인사하기, 상대방에게 자연스럽게 이름이나 정보를 묻기, 상대방의 질문에 대답하기, 놀이에 초대하거나 수용하기 등은 긍정적인 전략이라고 볼 수 있다. 그러나 어떤 유아들은 다가가기 위한 전략을 전혀 사용하지 못하거나 다가가기 위한 방법으로 잡거나 밀기, 참견하기와 징징대기, 위협이나 구걸하기, 비판하기 등의 부정적 전략을 사용하기도 한다(Ladd, 2005). 이런 전략을 사용하는 유아는 상대에게 거부되기 쉽고 긍정적인 사회적 관계 형성에서 실패하기도 한다. 따라서 교사는 유아들이 긍정적인 접근을 시도하고 관계를 유지하기 위해 필요한 방법을 사용할 수 있도록 돕고 친구를 만들 수 있는 기회를 많이 제공해야 한다(Kostelnik et al., 2009).

또래관계 형성 기술 함양을 위한 교사의 지원

유아와 함께 놀이집단에 참여하기

유아가 놀이나 또래집단에 참여하기 어려워하거나 거부당하는 모습을 관찰했다면 교사는 그 유아와 함께 놀이집단에 찾아가 그 집단에 수용될 수 있는 전략을 사용하여 놀이에 참여할 수 있다. “얘들아, 윤정이와 선생님도 너희들의 놀이 속에 초대해줄 수 있니?” 또는 “우리도 너희랑 같이 놀아도 돼?” 하고 놀이참여에 대한 허락을 구한다. 이는 유아들이 이미 진행되고 있는 놀이 안에 참여하기 위해 필요한 언어적 모델링이 된다. 또한 “우리는 이 놀이에서 어떤 역할을 하면 좋을까?”라고 말하며 적극적으로 놀이 참여 전략을 사용한다. 그리고 윤정이가 그 또래집단 안에서 수용되고 편안하게 놀이를 이어갈 때 교사는 점차 놀이에서 빠져나온다. 놀이 밖에서 친구들과 윤정이의 놀이 모습을 관찰해보고 놀이가 잘 이루어지지 않거나 거부되는 상황이 있을 때 다시 중재하는 역할을 한다.

유아가 참여하고 싶어 하는 또래집단 근처에서 비슷한 활동을 함께 하기

또래집단 안에 쉽게 들어가지 못하는 유아가 있다면 교사가 그 유아와 함께 유아가 들어가고 싶어 하는 놀이집단의 근처에서 같은 놀이나 비슷한 놀이를 함께 한다. 유아들은 교사와 즐겁게 놀이하고 있는 친구 또는 그 놀이에 관심을 갖게 되고, 자신들의 놀이에 초대하거나 반대로 교사와의 놀이에 들어오고자 할 수도 있다. 이때 유아들이 그 놀이에 참여하기 위해 "선생님(또는 선호야!), 우리도 그 놀이 같이할 수 있어요?"라고 물으며 다가오는 모습을 통해 선호는 자연스럽게 놀이에 참여하기 위해 필요한 말과 행동적 시도가 있음을 알게 될 것이다. 또한 "우리도 지금 주차장 만들고 있는데, 선생님과 선호도 우리랑 같이 할래요?"라고 말할 때 누군가를 자신의 놀이에 초대하고 수용하는 과정을 경험하게 될 것이다.

위로와 공감

Graham과 Harris(2014)는 사회적 관계를 형성하고 유지하기 위해서는 타인의 정서를 공감하고 관계를 긴밀하게 발전시킬 수 있는 능력이 요구된다고 하였다. 공감은 자신의 감정을 인식하고 이해할 뿐 아니라 타인의 감정과 입장을 알아채고 그 입장에 서 봄으로써 타인의 관점에 적절히 반응하는 능력이다(정하나, 2015). 공감능력이 부족한 유아는 공격성, 적대행동 등의 외현화 문제와 더불어 사회적 관계 형성과 유지의 어려움을 갖는다(Miller & Eisenberg, 1988). 반대로 공감능력이 풍부한 유아는 원만한 사회적 관계를 형성하고 자아존중감이 높으며, 친사회적 기술 및 도덕성이 발달한다. 유아기는 초기 사회적 관계 속에서 사회 · 정서적 유능감을 함양하고 친사회적 기술을 발달시켜 나가는 시기이므로 공감능력을 기르기에 최적의 시기이기도 하다(Howes, 2000).

물을 마시면 괜찮을 거야

엄마가 일주일 간 출장을 가게 된 날, 아인이가 유치원에서 놀이를 하다 눈물을 터뜨린다. 근처에서 놀고 있던 정연이가 아인이에게 다가가서 어깨를 토닥거린다. "아인아, 왜 울어? 엄마가 보고 싶어?"아인이가 대답을 못한 채 계속 울자, 아인이에게 눈을 맞추기 위해 고개를 기울이고 "내가 물 좀 떠다줄까? 나도 엄마가 보고 싶어서 울었던 적이 있었어. 그때 선생님이 물을 주셨는데 마음이 조금 괜찮아졌어."라고 말한다. 그리고 물을 한 잔 떠와서 아인이에게 건넨다. 물을 마신 아인이는 잠시 후 눈물을 그치고 정연이와 함께 놀이를 하기 위해 이동한다.

위 사례에서는 슬퍼하고 있는 유아에게 또래 유아가 다가가 위로해주는 모습이 나타나 있다. 때로는 성인의 공감이나 위로보다도 더 강력하게 작용할 수 있는 것이 또래의 위로이다. 정연이는 아인이를 언어적으로 공감해주고 행동으로 위로해주고 있다. 자신의 정서적 경험을 상기시키며 친구의 감정을 읽어주고 자신의 정서조절 전략을 사용하여 타인의 정서를 조절하고자 시도하는 모습을 볼 수 있다. 정서적으로 유능한 유아는 자신의 정서를 조절할 뿐만 아니라 타인의 정서를 조절하는 데 자신의 정서적 경험을 효과적으로 활용한다.

유아의 위로와 공감능력 함양을 위한 교사의 지원

 # 일상생활에서 유아의 마음을 읽어주고 헤아려주는 상호작용하기

공감능력은 자신과 타인의 정서를 인식하는 것에서부터 시작된다(정하나, 2017). 교사가 일상생활에서 유아들이 경험하는 여러 가지 정서에 대해 제대로 인식할 수 있도록 돕기 위해서는 유아의 현재 감정을 읽어주고 표현해주어야 한다. “은주는 아라가 오늘 함께 놀지 않겠다고 해서 속상했구나. 선생님도 속상했을 것 같아.”라고 말함으로써 친구에게 거절당한 유아의 마음을 공감해주고 위로해주면 비슷한 상황에서 유아는 타인에게 그와 같은 공감과 위로를 할 수 있을 것이다. 또한 “그런데 은주가 속상하다고 앞으로 절대 아라랑 놀지 않겠다고 한 말을 들은 아라는 어떤 마음일까?”라고 상대방의 마음에 대해 생각해볼 수 있는 기회를 주는 것도 타인의 입장을 이해하고 공감하는 데 도움이 될 수 있다. 이는 타인을 조망하는 능력으로 연결된다.

타인 조망수용

유아들은 아직 자기중심적인 성향이 있기 때문에 또래와의 갈등 상황에서 자신의 입장에서 생각하고 타인의 입장을 고려하는 데는 어려움을 느낄 수 있다. 그러나 본격적으로 타인과의 관계를 형성하고 긍정적으로 유지해가기 위해 자신의 정서를 다루는 것에 머무르지 않고 점차 타인의 입장을 고려하는 능력인 조망수용능력을 길러가게 된다. 조망수용능력은 유아기에 완전히 발달하지는 않고 타인의 정서와 입장을 이해하게 되면서 점차적으로 정교화되어 간다. 또한 사회적 관계 속에서 발달해가기 때문에 이는 사회적 유능감과 연결된다. 유아가 자신의 입장뿐 아니라 타인을 입장을 이해하고 공감할 수 있도록 하기 위해서는 부모나 교사가 유아에게 타인의 입장을 이해하고 수용할 수 있는 기회를 제공해야 한다(Hoffman, 2001). 같은 상황을 바라보는 두 유아의 생각은 전혀 다를 수 있다. 이러한 상황에서 교사는 유아가 상대방의 관점에서 생각해볼 수 있도록 돕는 것이 중요하다.

난 도와주려고 한 거야

블록놀이를 하던 두 유아가 다투고 있다.

현서: 친구가 내가 놀이하고 있는데 방해했어요.
은호: 아니에요. 나는 방해한 게 아니에요.
교사: 현서는 왜 은호가 방해했다고 생각했고, 은호는 방해한 게 아니라고 하고 있구나. 어떤 일이 있었는지 말해줄래?
현서: 내가 여기서 주차장을 만들고 있었어요. 그런데 갑자기 은호가 자기 마음대로 내 주차장에 막 블록을 붙여서 주차장 모양이 이상해졌다구요.
은호: 그게 아니에요. 나는 현서를 도와준 거예요. 주차장 옆에 입구가 있어야 더 멋있으니까.
교사: 그랬구나. 그런데 은호는 현서에게 도와주고 싶다고 말했니?
현서: 아니오. 은호는 그냥 갑자기 했어요.
은호: 내가 도와줄게~ 하면서 만들어 준 거예요.
교사: 그러니깐 은호는 현서를 방해하려던 게 아니라 도와주고 싶었다는 말이지? 은호는 친구를 도와주고 싶었는데 현서는 은호 도움이 필요하지 않았던 모양이구나.
현서: 네. 저는 혼자하고 싶었어요.
교사: 은호가 만약 혼자 놀고 싶을 때 친구가 마음대로 은호 놀이에 끼어들면 어떤 기분이 들까?
은호: 그러면 속상해요.
교사: 현서가 친구를 도와주려고 한 행동에 친구가 화를 냈다면 어떨 것 같아?
현서: 슬퍼요.
교사: 현서를 도와주고 싶었다면 은호가 어떻게 했어야 할까?

은호: 내가 도와줄까? 하고 물어봐요.

현서: 처음부터 은호는 나한테 물어보지 않고 그랬어요.

교사: 그래. 은호가 좋은 마음으로 한 행동인데 현서에게는 불편한 일이 되었구나. 우리 마음은 그게 아닌데 오해하게 되거나 불편한 마음이 생길 수가 있대. 다음부터는 먼저 도움이 필요한지 물어봤으면 좋겠다.

은호: 이제는 친구한테 물어볼게요.

교사: 현서도 이제 은호가 일부러 그런 게 아니라는 것은 알게 되었지? 은호를 용서해줄 수 있겠어?

현서: 네.

위 사례를 살펴보면 갈등이 일어난 두 유아가 서로의 행동에 대해 자신의 입장에서만 이해하고 있다. 현서는 친구가 자기 블록에 다른 블록을 덧붙인 행동을 방해하는 것이라 이해하고 은호는 친구를 돕기 위해서 한 행동인데 친구가 화를 내는 것에 서운함을 느낄 수 있다. 이는 유아가 타인의 행동이나 의도를 잘못 해석했기 때문이다. 이때 교사가 두 유아 사이에 일어난 사건을 객관적으로 해석할 수 있도록 도움으로써 유아가 자신의 정서를 조절하고 잘못된 판단에 대해 수정할 수 있게 해준다. 또한, 유아는 이러한 기회를 통해 타인의 입장에서 생각하고 상대방에게 공감할 수 있는 경험을 하게 된다.

유아의 타인 조망수용능력 함양을 위한 교사의 지원

타인의 입장이 되어보는 극놀이 해보기

자기중심적인 성향을 지닌 유아들로 하여금 타인의 입장이 되어 타인이 경험하게 되는 정서를 이해하고 또 같은 상황에서도 자신과 타인이 느끼는 정서가 다를 수 있음을 이해하도록 돕기 위해 교사는 다른 사람의 입장이 되어볼 수 있는 기회를 다양한 방법으로 제공할 수 있다. 손인형을 이용하여 유아들이 특정 상황에서 느낄 수 있는 여러 가지 정서에 대해 이야기를 나눠볼 수도 있고, 직접 유아들이 역할을 맡아 보다 간접적으로 그 상황에서 느낄 수 있는 감정을 느껴보도록 할 수도 있다. 일상에서 갈등이 일어났을 때나 서로의 입장에 대해 이해하지 못해 어려움을 겪는 상황이 발생했을 때, 즉흥적으로 극놀이를 해볼 수도 있고 주제나 교육의 내용과 연결지어 교사가 특정한 상황을 제시해 볼 수도 있다. 여러 역할이 되어 정서를 경험하고 표현할 수 있는 극놀이를 하는 기회를 자주 제공함으로써 유아들이 타인의 입장과 감정에 대해 공감하도록 하며 평가를 통해 극놀이에서 느낀 유아 간의 정서가 교류되고 견고해지도록 도울 수 있다.

친사회적 행동

관계를 원만하게 하기 위해서는 사회적 기술을 적절하게 사용할 줄 알아야 한다. 유아들이 또래관계를 형성한 후 그 관계를 잘 유지하고자 한다면 자기중심적인 사고와 행동을 벗어나 상대방과 더불어 지내기 위해 필요한 행동인 도움주기, 나누기, 양보하기, 협력하기 등 긍정적인 사회적 가치를 담은 행동을 할 수 있어야 한다는 것이다. 친사회적으로 행동하는 유아들은 또래에게 인기가 많고(Eisenberg, Fabes, & Spinrad, 2006) 교사에게 긍정적인 평가를 받으며(Cassidy, Adamek-Griggs, Cosetti, Meier, Kelton, & Richman, 2005) 기관 생활에 잘 적응한다. 유아들은 또래집단 안에서 여러 가지 갈등과 문제를 통해 이러한 친사회적 기술을 자연스럽게 배우기도 하고 제시된 상황에서 요구되는 적절한 행동이 무엇인지에 대해 직접적으로 배우기도 한다. 일상생활 속에서 유아들이 다양한 방법으로 친사회적 기술을 사용하도록 하고 이를 친구들과 적극적으로 공유하도록 하는 것은 유아들의 사회적 관계를 증진시키는 데 중요한 영향을 미친다.

하원시간이 다가오자 하루일과를 회상하며 이야기를 나누고 있다.

교사: 오늘 하루 유치원에서 지냈던 일들을 떠올려보자. 즐거웠던 일, 속상했던 일, 친구와의 특별한 기억, 고마웠던 일, 서운했던 일, 미안했던 일이 있었는지 잘 생각해보자.

지윤: 저는 즐거웠어요. 오늘 유민이랑 같이 미용실 놀이를 해서 좋았어요.

은솔: 나는 엄청 신났어요. 바깥놀이에서 잡기 놀이할 때 내가 친구를 잡았거든요.

미나: 저는 그런데 속상한 일이 있었어요. 윤서가 내가 미술영역에서 만든 인형이 별로라고 했거든요.

교사: 그랬구나. 혹시 미나가 속상했던 것을 윤서도 알고 있었니?

윤서: 아니요. 저는 그냥...

교사: 윤서는 미나가 속상했던 걸 몰랐었나 보구나. 지금 미나 이야기를 들으니 윤서는 어떤 생각이 드니?

윤서: 미안해요.

교사: 그럼 미나한테 어떻게 말하면 좋을까?

윤서: 미안해.

교사: 혹시 오늘 친구를 칭찬해주고 싶은 친구도 있니?

찬열: 네. 저는 은유를 칭찬해주고 싶어요. 왜냐하면 제가 화장실에 갔을 때 너무 급하다고 하니까 은유가 저한테 양보해줬어요.

교사: 아~ 화장실에서 은유가 앞에 서 있었는데 너에게 차례를 양보해주었구나? 이렇게 또 고맙다고 이야기하고 칭찬해줄 친구가 있니?

도윤: 저는 찬열이요. 찬열이랑 같이 블록놀이할 때, 바퀴달린 거가 필요했는데 저한테 나눠줬거든요.

지우: 저는 서영이를 칭찬해줄래요. 치카치카할 때 바닥에 물이 떨어져서 서영이가 핸드타올로 바닥의 물을 닦았어요. 그런데 저도 같이 했어요. 우리 둘 다 칭찬받아야 해요.

교사: 그렇구나. 다른 친구들의 양말이 젖을 수도 있었는데 너희들이 친구들을 배려해서 바닥을 닦아주었구나. 우리 모두가 서영이와 지우에게 고마워해야겠네.

일과 회상을 하면서 유아들은 자연스럽게 또래에게 도움을 주었거나 받았던 경험, 물리적·정서적 환경을 공유하였던 경험, 양보와 배려를 주고받았던 경험 등을 이야기 나누고 있다. 위의 상호작용을 보면 유아들이 비교적 친사회적 기술을 잘 사용하고 있음을 볼 수 있다. 그러나 연령에 따라서는 여전히 친사회적 행동에 대해 잘 모르거나 잘 나타나지 않는 학급도 있다. 교사가 직접적으로 사회적 지식과 기술을 습득할 수 있도록 지도할 수도 있고 유아들의 바람직한 행동을 공유하는 기회를 줌으로써 친사회적 행동을 강화함으로써 이후에도 유아들이 자발적으로 긍정적인 행동을 하도록 격려할 수도 있다. 또한 다양한 방법으로 유아들의 친사회적 기술을 사용할 수 있는 활동을 제공하거나 일상적으로 발현된 상황에서 그때

그때 사회적으로 적절한 행동을 할 수 있도록 지지해주는 것이 중요하다. 이때 유아가 다른 사람이 행한 친사회적 행동을 수용하고 이에 대해 적절히 반응하도록 돕는 것도 간과하지 않도록 한다.

유아의 친사회적 행동 증진을 위한 교사의 지원

 # 친사회적 기술을 사용할 수 있는 다양한 경험 제공하기

유아가 친사회적 기술을 잘 습득할 수 있으려면 이를 사용할 수 있는 기회를 많이 가져야 한다. 또한 교사는 유아의 친사회적 행동이 개인적 과제보다는 보다 확장된 관계 속에서 경험되고 증진될 수 있음에 주목할 필요가 있다. 따라서 교사는 도움주기, 배려하기, 양보하기, 나누기, 협력하기 등의 경험이 일어날 수 있는 다양한 활동과 상황을 제공해야 한다. 친사회적 가치와 내용이 담긴 놀이와 활동을 계획할 수도 있고, 함께 생각을 나누고 서로 돕고 협력해야 해낼 수 있는 공동의 목표가 있는 활동에 참여하게 할 수도 있다. 예를 들어, 단기간에 끝나지는 않지만 함께하는 공연을 준비한다거나 유아들의 놀이주제와 연계된 전시회나 박람회를 기획하는 등 공동의 목표가 있는 프로젝트가 있다면 유아들은 역할분담을 통해 한 사람 한 사람의 책임 있는 수행을 기반으로 협력을 경험하는 기회를 가질 수 있을 것이다.

자기조절

유아는 사회화의 과정에서 사회적으로 기대되는 바람직한 행동을 하기 위해 자신의 욕구나 충동을 억제하고 유혹에 저항하며 스스로 행동을 조절해 나간다. 이러한 자기조절은 외부의 도움에서부터 시작하여 점차 자발적이며 내면적으로 조절할 수 있는 능력으로 발달해간다. 교사는 유아와의 상호작용을 통해 유아가 자신의 행동이 다른 사람에게 어떤 영향을 주는지 이해하도록 하고, 적절한 행동과 적절하지 않은 행동을 구분하도록 도울 수 있다(Kaiser & Rasminsky, 2011).

나쁜 행동은 왜 자꾸 뚜껑을 열고 나와요?

시후는 유독 휘서라는 친구의 행동을 지켜보고 있다가 잘못한 것이 있을 때 즉시 교사에게 이르거나 휘서가 그린 그림을 보고 놀리거나 교실로 들어오려고 하는 순간 문을 닫아버리는 등의 행동을 반복하였다. 이 날은 일부러 신발장에서 휘서의 신발을 슬쩍 꺼내서 다른 자리에 숨겨 놓아 친구를 울리고 말았다. 이에 교사는 시후와 이야기를 나누게 되었다.

시후: 휘서만 자꾸 이해하고 도와줘야 되고… 휘서는 엉터리인데…
교사: 만약에 휘서가 자꾸 너를 이르고 놀리고 물건도 숨긴다면 어떨 것 같니?
시후: 알아요. 그럼 속상하겠죠. 자꾸 휘서를 안 미워하려고 그러는데 이상하게 자꾸 나쁜 행동이 밖으로 나와서 그래요.

교사: 그런 시후도 속상하겠구나.

시후: 네. 나도 모르게 (내 행동이) 마음대로 그렇게 하는 거예요.

교사: 우리 마음의 상자 속에는 멋지고 예쁜 마음들도 있지만 밉고 나쁜 행동을 하게 하는 것들도 있대.

시후: 그럼 그 상자에 뚜껑도 있어요?

교사: 아마 그럴 걸? 마음의 상자 속에서는 이런 여러 가지 마음과 행동들이 언제든지 나올 수 있어. 그런데 미워하는 마음과 나쁘게 행동하고 싶은 마음이 나오려고 할 때마다 계속 꺼내면 어떻게 될까?

시후: 자꾸 나쁜 행동을 하겠죠.

교사: 그럼 어떻게 하면 좋을까?

시후: 나쁜 행동이 못 나오게… 그런데 나쁜 행동이 자꾸 뚜껑을 열고 나오면요?

교사: 글쎄. 나쁜 행동이 억지로 못 나오게 가둘 수는 없겠지? 하지만 노력은 나쁜 행동을 못하게 하는 힘이 있어. 아까 보니까 바깥놀이에서 들어올 때는 휘서가 앞에 서도록 네가 양보해주던데?

시후: 네 맞아요.

교사: 그런 게 바로 시후의 노력이 나쁜 행동을 이긴 게 아닐까?

시후: 원래는 내가 안 그러고 싶었는데 휘서한테 양보한 거예요.

교사: 그렇구나. 시후가 좋은 마음으로 친구를 위해 양보해주는 것을 볼 때 선생님은 기뻤어. 그건 시후가 노력하면 네 마음의 상자 속에서 나쁜 행동보다는 좋은 행동을 꺼내서 친구를 잘 대해줄 수 있을 거라는 뜻이니까.

위 사례에서 만 5세 시후는 또래에 비해 인지적 수준이 높은 반면 사회적 능력에서 취약함을 보이는 유아이다. 따라서 교사는 유아의 인지적 수준을 고려하여 이야기를 나누고 있다. 시후는 월령이 낮고 신입이라 교실의 규칙이나 환경에 적응하는 데 시간이 필요한 친구인 휘서에게 관심을 갖고 있으나 그 관심을 부정적으로 나타내고 있다. 머릿속으로는 자신의 행동이 바람직하지 않다는 것을 잘 알고 있지만 반복적으로 친구를 불편하게 하고 있는 스스로의 모습에 답답함을 느끼기도 한다. 이러한 시후에게 교사는 유아의 생각과 행동이 서로 일치하지 못하고 있는 현재의 모습을 인지하도록 돕고, 조절해 나가는 과정을 격려하고 있다("그럼 시후도 속상하겠구나."). 또한 유아로 하여금 상대방의 입장에서 생각해보고 수용할 수 있도록 돕는다. 이는 유아가 타인의 입장을 고려하여 자신의 행동과 정서를 바람직하고 수용될 수 있는 방향으로 조절할 수 있는 자기조절능력을 증진시키는 데 효과적이라 할 수 있다.

특히 교사는 유아가 한 행동 중에서 바람직하고 적절한 행동이나 노력에 대해 칭찬해주고 긍정적인 행동이 더 많이 나타나기를 기대하고 있음을 표현하고 있다. Kostelnik와 동료들(2009)은 유아의 행동에 대한 교사의 기대를 표현하는 메시지는 유아가 자신의 정서와 행동을 조절하는 능력을 촉진시키는 역할을 한다고 하였다.

유아의 자기조절을 돕기 위한 교사의 지원

유아에게 기대하는 바를 알려주기

유아가 자신의 행동을 조절하고 사회적으로 기대하는 바를 행하도록 돕는 방법은 다양하다. 먼저 교사가 유아의 행동이 일어났을 때 그 행동에 대해 직접적으로 반영해줌으로써 유아가 자신의 행동에 대해 인지하고 그것이 바람직한지 그렇지 않은지를 생각해볼 수 있도록 할 수 있다. 또한 바람직한 행동이 무엇인지 알지 못하는 유아의 경우, 유아의 부적절한 행동을 대체할 수 있는 행동을 제안함으로써 자신에게 기대되는 바가 무엇인지를 정확히 알 수 있도록 돕는다. 이때 행동에 관해서만 이야기하는 것보다는 유아가 이해할 수 있는 언어로 그렇게 해야 하는 이유에 대해 설명하는 것이 중요하다. 이때 유아의 부적절한 행동으로 인해 유아 자체가 비난받거나, 스스로를 수용되지 못하는 존재로 인식하지 않도록 주의하여야 한다.

교사가 유아들과 공동의 규칙이나 약속을 정하기 위해 이야기를 나눌 때에는 약속이 필요한 이유에 대해 유아들과 충분히 공유하여 유아 스스로 그 약속과 규칙의 필요성을 느끼고 자발적으로 규칙을 실행할 수 있도록 도와야 한다. 특히 교사는 유아 개인적으로 자기조절을 했던 경험을 반영해주고 바람직한 행동이 더욱 강화될 수 있도록 격려해야 한다.

갈등해결

유아들이 또래관계 속에서 의견의 차이를 경험하거나 갈등에 직면하는 것은 결코 부정적인 것이 아니다. 다양한 사회적 문제 및 갈등을 겪고 사회적 상호작용을 함으로써 함께 그 문제를 해결하는 경험을 통해 유아는 사회 · 정서적 유능감을 함양하게 된다. 교사나 성인들이 이를 문제로 받아들이기보다는 유아들이 소통을 통해 갈등을 해결하는 방법을 배울 수 있는 기회로 삼아 인내와 적절한 중재로 유아들을 지원하는 것이 중요하다.

만 5세 학급, 자유놀이 시간에 세 명의 유아가 보드게임을 하고 있다. 몇 분 후, 게임의 차례를 정하고 놀이를 하던 유아들 간에 목소리가 높아지기 시작했다.

은호: 왜 두 칸만 가는 건데 세 칸을 가! (정훈이의 말을 한 칸 뒤로 놓는다.)
정훈: 왜 너만 맨날 마음대로 하는데? 내가 지금 두 칸만 갔거든?
은호: 원래 여기 있었는데 이렇게 가면 세 칸이잖아. 맨날 네가 마음대로만 하지.
도윤: 내가 보니깐 네(정훈이)가 잘못 간 거 같은데?
정훈: 너도 아까 세 번 갔잖아~ 그래서 나도 이렇게 간 거거든? 이제 이거 안 할 거야! (정훈이가 게임판과 말을 흩뜨린다.)
은호: 나도 이제 너랑 안 놀 거야. (정훈이 어깨를 밀친다.)
정훈: 선생님! 은호가 저를 때렸어요.

위 사례와 같은 유아들 간의 갈등은 교실 안에서 매우 자주 발생한다. 사례에서 정훈이는 게임의 규칙을 잘못 이해했거나 자신이 게임에서 이기는 데 유리하도록 슬쩍 말을 한 칸 더 옮겼을 수도 있다. 은호는 게임의 방법대로 놀이할 것을 요구하고 정훈의 잘못을 지적하고 있다. 그러나 유아들은 게임의 올바른 규칙을 적용하여 실수를 인정하고 조정하는 것이 아니라 지적하는 것에 대한 서운한 감정을 드러내거나 놀이를 중단하고 방해하는 행동, 화가 난 마음에 친구를 신체적으로 공격하는 행동을 나타내고 있다. 이때 교사는 유아들에게 일어난 상황에 대해 파악하고 중재함으로써 갈등이 일어난 상황과 이유를 유아들이 객관적으로 인식할 수 있도록 하고, 각 유아가 경험하게 된 정서를 공유하고 문제를 해결하기 위해 필요한 방법을 찾을 수 있도록 돕거나 안내하는 역할을 해야 한다.

유아 간 갈등해결을 돕기 위한 교사의 지원

중립적 의사소통으로 갈등해결을 위해 지원하기

유아들 간의 갈등이 생겼을 때 이를 해결하기 위해 교사가 중재에 나서곤 하는데 이때 가장 중요한 것은 정확하고 중립적으로 의사소통하는 것이다. 교사는 갈등을 겪고 있는 유아들의 이야기를 잘 듣고 공정하고 정확하게 상황을 이해하고 유아들 사이에 일어난 일에 대해 객관적인 사실로 인식할 수 있도록 도와야 한다. 예를 들어, "은우는 상현이가 갑자기 새치기를 했다고 했는데, 상현아 이게 사실이니?", "왜 은우가 그렇게 생각하게 된 건지 이번에는 상현이가 다시 한 번 상황을 설명해줄래?"와 같이 갈등을 유발한 사건의 원인을 파악한다. 이때 교사는 한쪽으로 치우치지 않고 반드시 중립적인 태도로 사실에 중심을 둔 상호작용을 해야 한다. 또한 교사는 문제를 해결하기 위해 유아들이 할 수 있는 것들을 질문함으로써 문제해결방법을 스스로 찾을 수 있도록 돕거나 유아들이 잘 모를 때는 적절한 방법을 알려주어야 한다. 유아들은 갈등해결이나 협상의 경험을 통해 문제 상황을 적극적으로 해결할 수 있는 전략과 자신감을 습득하게 되고 이를 통해 유아의 사회 · 정서 유능감이 증진될 수 있다.

닫는 글

유치원에서의 일과를 마치고 집으로 돌아가는 유아들의 뒷모습을 떠올려보자. 오늘 하루가 아이에게 자신의 마음을 충분히 열고 친구의 마음을 받아들여 줄 수 있는 하루였을까? 관계 안으로 들어갈 수 있도록 마음을 열기에는 2% 부족했던 하루였을까? 마음의 문을 활짝 열어 친구들과의 다채롭고 즐거운 관계 안으로 편안하고 자연스럽게 들어갔던 하루였을까? 한 명 한 명의 아이들에게 내일은 마음이 더 크고 넓게 열리고, 마음이 더욱 단단해지고 더 다양한 색깔과 모양을 가진 수많은 관계 안으로 좀 더 능숙하게 한 걸음 더 내딛을 수 있도록 돕는 하루가 되길 기대해보자. 그러기 위해 교사는 아이들의 마음을 더 잘 들어보고, 더 세심하게 읽어주고, 여러 가지 정서를 경험할 수 있는 따뜻하고 열린 환경을 만들어주고, 공감해주고, 수용해주고, 격려해주겠다는 다짐을 매일 새롭게 해야 할 것이다.

생각해 봅시다

1. 내가 경험했던 정서(기쁨, 슬픔, 속상함)를 은유적으로 표현해보고 그 이유를 이야기해보자. (예: 기쁨은 [불꽃놀이]이다. 왜냐하면 기쁜 마음은 여러 가지 색으로 표현을 만들어 내고 어두웠던 마음에 밝은 빛을 내기 때문이다.)

2. 누군가의 말에 큰 위로를 얻은 적이 있는가? 어떤 상황에서 어떤 말이 위로가 되었는지 떠올려보자. 그리고 자신이 유아나 동료를 위로하고 공감해준 경험을 생각해보고 어떤 방법으로 위로하고 공감하였는지 생각해보자.

한 번 더 읽어볼 만한 책

최성애, 조벽, 존 가트맨 (2020). **내 아이를 위한 감정코칭**(개정판). 서울: 해냄출판사.

코스텔니크, 소더먼, 와이런, 루파이퍼, 그레고리 (2009). **영유아의 사회정서발달과 교육**(박경자 외 역). 경기 파주: 교문사.

참고문헌

정하나 (2015). **극화놀이를 통한 유아공감능력 증진 프로그램 개발 및 효과.** 중앙대학교 대학원 박사학위논문.

정하나 (2017). **예비유아교사를 위한 유아사회교육.** 경기: 공동체.

조유진 (2018). **유아를 위한 실행기능 기반 정서유능감 함양 프로그램 개발 및 효과.** 중앙대학교 대학원 박사학위논문.

Beisly, A. (2011). *Emotional competence in a pre-kindergarten classroom: Links to social and emotional competence* (master's thesis). Oklahoma State University, Oklahoma.

Calkins, S. D., & Wiliford, A. P. (2009). Taming the terrible twos: Self–regulation and school readiness. In O. A. Barbarin, & B. H. Wasik (Eds.), *Handbook of child development and early education: Research to practice* (pp.172–198). New York, NY: Guilford Press.

Cassidy, K. W., Adamek–Griggs, R., Cosetti, M., Meier, V., Kelton, E., & Richman, L. (2005). Preschool children's understanding of conflicting desires. *Journal of Research in Childhood Education, 25*(1), 24–44.

Eisenberg, N., & Morris, A. S. (2002). Children's emotion–related regulation. In R. Kail (Ed.), *Advances in child development and behavior* (Vol. 30, pp.190–229). Amsterdam: Academic Press.

Eisenberg, N., Fabes, R. A., & Spinrad, T. L. (2006). Prosocial development. In N. Eisenberg (Ed.), *Handbook of Child Psychology, Vol. 3: Social, Emotional, and Personality Development* (6th ed., pp.646–718). Hoboken, NJ: Wiley.

Epstein, A. S. (2009). *Me, you, us: Social-emotional learning in preschool.* Ypsilanti, MI: High/Scope Press.

Graham, S. E., & Harris, K. R. (2014). Conducting high quality writing intervention research: Twelve recommendations. *Journal of Writing Research, 6*, 89–123.

Hoffman, M. L. (2001). *Empathy and moral development: Implications for caring and justice*. Cambridge, UK: Cambridge University Press.

Howes, C. (2000). Social development, family, and attachment relationships of infants and toddlers: Research to practice. In D. Cryer & T. Harms (Eds.), *Infants and toddlers in out-of-home care* (pp.87–116). Baltimore: Brooks.

Kaiser, B., & Rasminsky, J. S. (2011). *Challenging behavior in young children: Understanding, preventing and responding effectively.* Boston, MA: Pearson.

Kostelnik, M., Whiren, A., Soderman, A., & Gregory, K. (2009). **영유아의 사회정서 발달과 교육** [*Guiding children's social development and learning*]. (박경자, 김송이, 권연희, 김지현 공역). 경기 파주: 교문사. (원저 2009 출판)

Ladd, G. W. (2005). *Children's peer relations and social competence: A century of progress.* New Haven, CT: Yale University Press.

Miller, P. A., & Eisenberg, N. (1988). The relation of empathy to aggressive and externalizing/antisocial behavior. *Psychological bulletin, 103*(3), 324–344.

Rubin, K. H. (2003). *The friendship factor: Helping our children navigate their social world and why it matters for their success and happiness.* New York, NY: Penguin Group.

맺는 말

"친구들아, 유치원에서 같이 놀아서 정말 행복했어."

"선생님, 우리를 잘 가르쳐 주셔서 감사해요. 선생님들을 잊지 못할 거예요."

"조리사님, 관리 아저씨! 우리를 위해서 맛있는 음식을 해주시고, 유치원을 지켜주셔서 감사합니다."

"엄마, 아빠! 유치원에 보내주셔서 감사합니다."

"제가 다섯 살일 때는 (유치원의) 약속을 잘 몰랐는데 이제 약속을 잘 지키는 형님이 되었어. 동생들아! 너희들도 유치원에서 멋진 형님이 될 수 있을 거야."

"저는 유치원에 다니면서 자신감이 있는 아이가 되었어요."

"음… 유치원에 그냥 계속 다니고 싶어요."

어느 유치원의 졸업식 날, 유아들이 유치원을 떠나면서 마지막으로 남긴 이야기다. 우리는 유치원에서 처음에 어떤 모습의 유아들을 만났는가? 그리고 그 유아들이 유치원을 떠날 때는 어떤 모습이기를 기대하고 있을까?

어쩌면 유치원을 떠나는 아이들이 남겨준 말과 모습은 교사가 유아들과 함께 지내며 교육을 하는 이유이자 열매이지 않을까 싶다. 그리고 교사가 바라는 열매는 아마도 유아가 바람직한 사회적 구성원으로 성장했고 여전히 성장해가고 있음을 보여주는 것이리라. 교사는 정서적 존재이자 사회적 존재인 유아가 자신이 느끼는 다양한 정서에 눈을 뜨고 그 정서를 다루게 되며 관계 속으로 들어가 혼자가 아니라 더불어 살아가기 위해 배우고 성장해가는 모습을 지켜보면서 보람을 느낀다.

이 책에서는 자신의 마음을 들여다보고 알아가고 표현하고 조절하는 것처럼 정서에 초점을 둔 정서적 유능감과 사회적 관계 속에서 필요한 사회적 기술과 문제해결력과 같은 사회적 유능감을 포함하는 사회 · 정서적 유능감에 대해 이야기를 나누어보았다. 구체적으로는 유아기 사회 · 정서적 유능감에 대해 〈개념과 구성요소〉, 〈유아 사회 · 정서적 유능감 연구〉, 〈유아 사회 · 정서적 유능감 관련 변인〉, 〈상호작용 속에서 찾은 유아 사회 · 정서적 유능감〉으로 나누어 살펴보았다. 유아들이 마음의 문을 열고 관계 안으로 들어간다는 것은 무엇을 의미하며, 그 과정은 구체적으로 어떠한지, 그것이 유아에게 미치는 영향은 무엇인지, 그리고 교사나 성인은 어떻게 도와야 할지에 대해 고민해보면서 유아기에 형성되는 사회 · 정서적 유능감이 얼마나 중요한지에 대해 새삼 느낄 수 있었다. 이는 우리가 살아가고 있는 현 시대와 새롭게 맞이하게 될 미래사회에서 지속적으로 요구하는 능력과도 연결된다.

4차 산업혁명 시대가 도래하면서 그동안 강조되어 왔던 지식과 정보기술이 아닌 새로운 능력이 요구되고 있다. 김지영(2017)은 다섯 가지 미래교육 코드로 자기력, 인간력, 창의융합력, 협업력, 평생배움력을 강조하고 있고, 다니엘 핑크(Pink, 2006)는 하이컨셉, 하이터치 능력을 요구하며 미래사회 6가지 핵심키워드로 디자인, 스토리, 조화, 공감, 유희, 의미를 제시하였다. 또한 2020 미래교육보고서(박영숙, 2020)에서는 멀티플레이, 경험과 리더십, 문제해결능력, 창의적 사고, 팀워크, 의사소통능력과 의사결정능력이 미래인재상에게 요구되고 있다고 말하며 특히 집단지성을 강조하였다. 미래학자가 아니더라도 이제 누구나 우리 사회에서 요구하는 능력을 명확하게 이해할 수 있다. 우리는 개인적 능력이 강조되던 시대에서 벗어나 개인의 생각과 감성이 존중되고 이를 통해 만들어지는 이야기와 의미가 중요해지는 시대를 맞이하게 된다. 그 의미는 집단 안에서 공유·공감되어 역동적이고 개방적으로 새로운 가치들을 함께 만들어가게 될 것이다. 유아기에 사회·정서적 유능감을 함양시켜야 한다는 많은 연구자들의 주장도 이 시대가 요구하는 미래인재상이 강조되고 있는 이유와 일치한다고 볼 수 있다.

유아는 인간으로서의 삶을 영위하는 데 필수적인 기본적 정서에서부터 관계에 기초한 인성을 기르고 민주시민의 기초를 형성하기까지 수많은 경험을 하게 될 것이다. 유아는 자신이 느끼는 감정을 인식하고 표현하고, 타인을 이해하고 수용하며 정서를 조절하면서 자신과 타인의 소중함을 알아가게 될 것이다. 그리고 사회적 관계 속에서 필요한 적절한 행동을 하고 타인과 문제를 해결하고 조율해가는 과정에서 함께하는 것의 가치와 기쁨을 누릴 수 있을 것이다. 이는 자기 자신을 이해하고, 기계가 대신할 수 없는 수많은 정서와 감성을 풍부하게 표현할 줄 알고, 관계 속에서 자유롭고 개방적인 자신의 생각을 나누고 조절하며 공동의 목표를 이룰 수 있도록 최선의 역량을 발휘하는 미래인재로 성장해가는 첫걸음이 될 것이다. 또한 그 경험을 함께 시작하며 그 길에 동행해줄 부모와 교사들 역시 사회 · 정서적 유능감을 갖고 유아를 이해하고 지원할 수 있기를 바란다.

사회 · 정서적으로 유능한 유아를 길러내기 위한 우리의 고민과 시도들이 이 사회에서 행복하고 안정적으로 살아가기 위해 수많은 문을 통과하게 될 유아들에게 필요한 열쇠꾸러미 중 하나의 열쇠가 되기를 바란다.

참고문헌

김지영 (2017). **다섯 가지 미래 교육 코드: 아이의 미래를 고민한다면 반드시 알아야 할 교육의 변화**. 서울: 소울하우스.

박영숙 (2010). **2020 미래교육보고서**. 서울: 경향미디어.

Pink, D. (2008). **새로운 미래가 온다**[*A whole new mind: Why right-brainers will rule the future*]. (김명철 역). 서울: 한국경제신문.

부록

부록

유아 사회 · 정서 유능감 프로그램

유아기 사회 · 정서 유능감의 중요성이 강조되면서 변화하는 사회에 긍정적으로 적응할 수 있도록 유아의 사회 · 정서 유능감을 증진시키기 위한 다각적인 노력이 요구되고 있다(김성현, 2015). 여러 국내 · 외의 연구자들은 유아교육현장에서 수행할 수 있는 사회 · 정서 유능감 증진 프로그램을 개발하였으며 여기서는 그 중의 일부를 소개하고자 한다.

SECOND STEP

Committee for Children(2002)은 공감능력의 발달, 정서 관리능력의 발달, 사회적 문제해결능력 향상을 위해 SECOND STEP을 개발하였다. 교육내용은 자기조절 및 정서조절, 사회적 조망수용능력 기르기, 사회적 문제해결능력 기르기, 공감하기로 구성되어 있다. 구조화되고 순차적인 25차시의 활동들로 구성되어 있으며 정서이완을 위한 도입 단계, 사회적 상호작용이 담긴 토의 및 이야기나누기 단계, 행동을 견고화하는 확장활동 단계, 정서유능감 증진을 위한 마무리 단계의 4단계로 이루어진다. 본 프로그램을 통해 유아의 문제행동, 공격성, 또래거부, 반사회적 행동 수준이 낮아지고, 자기조절기술과 사회적 기술이 증진되었다는 결과가 보고되었다.

REDI

Bierman과 동료들(2008)은 미취학 아동의 언어발달, 사회·정서발달과 실행기능의 향상을 목표로 REDI program을 개발하였다. REDI는 정서이해의 발달, 자기조절의 발달, 사회·정서 능력의 발달, 친사회적 행동의 발달을 내용으로 삼고 있다. REDI Program은 대화식 읽기, 사운드게임, 알파벳 센터 활동을 포함한 프로그램으로 또 다른 사회·정서 유능감 프로그램인 유치원 PATHS 교과과정을 사용하여 우정, 감정이해, 자기조절과 사회적 문제해결에 초점을 맞추어 진행한다. 교수-학습의 단계는 정서 관련 경험 공유하기, 관련성 인식하기, 집단활동을 통해 견고화하기로 이루어져 있으며, 프로그램을 통해 친사회적 기술 습득, 정서유능감, 자기조절능력, 사회적 문제해결력을 중점적으로 교육한다. 또한 교사 프로그램을 활용하여 교사들에게 프로그램 이해와 훈련, 그리고 지속적인 학습 기회를 제공하고 멘토링을 지원한다. REDI Program을 통해 유아들의 문해능력이 향상되고, 사회적 역량이 증진되었으며 공격성이나 또래거부 등의 부정적 행동이 감소하였다고 보고되었다(Bierman et al., 2008).

Incredible Years

Webster–Stratton과 Reid(2004)는 유아의 사회 · 정서적 유능감을 증진하고, 행동문제를 감소시키며 학업적 유능감을 향상시키기 위한 목적으로 Incredible Years 프로그램을 개발하였다. 원래 4~8세 아동의 적대적 행동장애와 품행장애를 치료하기 위한 목적으로 개발되었던 Incredible Years(Webster–Stratton, 1990)는 2004년 Webster–Stratton과 Reid가 모든 유아를 대상으로 사회 · 정서적 유능성을 증진시키기 위한 교실 중심의 중재 버전을 개발하였으며 3~8세를 위한 유아 그리고 초등학교 저학년 프로그램으로 개발하였다.

Incredible Years 프로그램은 유아를 능동적으로 참여시키고 사회적 · 정서적 · 학업적 능력을 강화하기 위해 공룡 테마의 교구와 실물 크기의 인형 등을 사용한다. 이를 활용하여 다양한 정서를 이해하고 수용하며, 효과적인 문제해결 전략을 사용하고, 부정적 정서를 적절하게 관리하고, 우정과 대화 기술을 연습하고, 상황에 어울리게 행동하는 등 유아의 사회 · 정서적 유능감을 증진시킬 수 있는 활동으로 구성된다. 또한 유아가 긍정적인 사회적 행동, 정서적 조절 및 문제해결의 촉진, 바람직한 사회적 관계 형성을 위해 필요한 기술을 습득하는

데 중점을 두고 있다. 프로그램의 내용은 규칙 지키기, 학교에서 성공하는 방법 배우기, 정서적인 언어, 공감, 조망수용, 대인 간 문제해결, 분노조절, 우정 그리고 의사소통기술 등의 7개의 구분된 단위 내용으로 구성되어 있다. 교수-학습의 과정은 다양한 감정에 대해 알아보고, 자신 및 타인의 정서를 인식하며, 인식된 정서와 그에 따른 행동에 대해 이해하고, 정서를 조절하는 기술을 익히도록 구성된다. 또한, 이 과정에서 자신의 행동이 가져오게 될 결과를 예측함으로써 이에 대한 대안적 반응을 선택하고, 연습할 수 있도록 돕는 단계로 이루어져 있다. Incredible Years 프로그램은 유아의 행동 문제를 줄이고 사회적 · 정서적 역량의 증진, 자기조절 및 문제해결 기술을 강화하는 데 효과가 있는 것으로 나타났으며 범죄를 포함한 부정적 결과를 예방한다고 보고되었다(Webster-Stratton & Reid, 2008).

GOALS(Goal Orientation, Attribution Learning and Self-control)

GOALS 프로그램은 Betkowski(2010)가 자기조절과 실행기능 향상을 통해 사회 · 정서 유능감과 인지적 기초를 증진시키고자 개발한 프로그램이다. 교육내용은 실행기능의 내용인 주의집중 및 주의전환, 긍정적인 사회적 목표 수립, 타인의 의도 이해 및 자기조절, 긍정적 문제해결이다. 교수-학습단계는 도입활동, 교육내용 관련성 인식을 위한 토의활동, 집단활동, 활동 내용 관련 역할극, 마무리 활동의 5단계로 구성되었다. GOALS 프로그램에서는 실행기능이 자기조절 및 학업능력과 밀접한 관련이 있음에 주목하여 실행기능 증진을 통한 유아 행동관리능력을 중요시하며 동시에 사회 · 정서적 유능감의 요소를 강조하였다. Betkowski(2010)는 본 프로그램을 통해 실행기능의 발달을 촉진하고 자기조절능력을 효과적으로 증진시켜 긍정적인 사회적 관계의 형성 및 사회적 문제해결력을 향상시키는 데 중점을 두었다.

GOALS 프로그램은 8단계 20차시로 구성되며, 교육의 내용을 경험하도록 하기 위한 6가지 전략인 6F(Friends, Focus, Freeze, Feeling, Forgive, Figure it out)를 활용한다. 6F 전략은 친구 사귀기, 교사와 친구에게 집중하기, 상황판단 및 목표파악을 위한 멈추기, 감정에 대해 표현하기, 실수를 용서하기, 이 다섯 가지를 항상 기억하여 실천하기를 의미한다. 이 프로그램에서는 영상, 사진 자료, 손인형 등을 활용하여 사회 · 정서적 유능감과 관련된 개념을 다루게 되며 다양한 확장활동을 통해 습득한 지식과 기술을 견고화시킨다. GOALS 프로그램을 통해 유아들의 자기통제 능력이 향상되고 공격적 성향이 감소되었음이 보고되었다(Betkowski, 2010).

감성역량 강화 프로그램

감성역량 강화 프로그램(서울시유아교육진흥원, 2012)은 하이터치 프로그램, 자연예술 프로그램, 나너우리 프로그램을 통합하여 구성하였다. 자유로운 감정의 표현과 긍정적 감정교류의 경험, 자연에서 심리적 안정감을 느끼며 또래와 협력하여 문제를 해결하는 것을 목표로 두고 있다. 이 프로그램은 타인과 친밀감 형성하기, 타인과의 관계에서 긍정적인 경험하기, 내 마음을 표현하고 친구의 입장에서 그 마음을 생각해보는 경험하기를 통한 정서표현과 정서인식을 교육내용으로 포함하고 있다. 교수-학습의 원리는 친밀감 있는 태도로 안정감을 주고 정서적 반응을 보이는 정서적 분위기를 조성하기, 유아가 사랑받고 있음을 느낄 수 있도록 하는 온정적인 교사-유아 관계 형성하기, 감정표현의 기회를 많이 제공하고 정서표현에 적극적으로 참여하도록 하는 자유로운 감정표현을 격려하기, 긍정적 정서뿐 아니라 부정적 정서도 유아 개인의 표현을 존중하고 격려하는 유아의 개인성 존중하기, 정서이해 및 표현을 돕는 유아의 정서발달에 적합한 활동 운영하기, 정서적 어휘를 사용함으로써 정서 공유의 기회 확대하기, 생활주제와 정서내용 요소를 연결 짓는 주제와 정서의 통합하기이다. 감성역량강화 프로그램에서의 수업과정은 첫째, 현재의 감정을 인식하고 나누기로 교사는 유아가 감정을 인식하고 친밀감을 형성할 수 있도록 감정코칭을 한다. 둘째, 감정을 이입하고 교류하기로 교사가 공감해주고 경청하는 방법을 통해 중재한다. 셋째, 감정을 조절하여 활동하기로 교사는 유아의 감정조절과 표현을 돕는다. 마지막으로 표출된 서로의 마음을 종합하기 단계에서는 문제해결이 이루어질 수 있도록 격려한다. 토의활동, 게임, 동화감상, 요리활동 등 다양한 유형의 집단활동이 이루어지며, 이러한 교수–학습 과정은 감성역량의 개념 요소인 정서인식, 감정조절, 동기화, 감정이입, 대인관계기술로 구성되어 있다.

인지놀이에 기반한 유아 정서 · 사회적 유능감 프로그램

김성현(2015)이 개발한 인지놀이 기반 정서 · 사회적 유능감 프로그램은 유아의 정서 · 사회적 유능감 증진을 목적으로 하며, 긍정적 자아개념의 발달, 정서조절 및 통제능력의 증진, 사회적 기술 및 실천능력 증진, 타인이해 및 조망능력 증진, 대인 간 문제해결능력 증진을 목표로 삼는다. 기능놀이, 구성놀이, 극화놀이, 게임을 포함하는 인지놀이를 하는 동안 유아가 정서 · 사회적 관련 개념을 인식하고 놀이를 통해 다양한 정서를 표현하며 다양한 사회적 기술을 경험하고 습득하도록 한다. 프로그램의 내용은 '자아 · 정서 이해', '자아 · 또래 집중/관심', '긍정적 또래관계', '대안적 사고하기', '갈등해결', '정확한 의도 판별', '적용하기'의 7개 내용범주로 구분되어 있으며 총 20차시로 이루어진다. 이 프로그램의 단계는 사전경험 상기, 탐색, 놀이, 평가의 4단계이며, 단계마다 적합한 중재방법을 통해 유아의 정서 · 사회 유능감이 함양될 수 있도록 한다. 인지놀이 기반 정서 · 사회적 유능감 프로그램을 유아교육현장에 적용한 결과 유아의 자아존중감, 정서실행능력, 사회성, 마음이론, 인지처리 능력의 향상에 긍정적인 효과가 있다고 나타났다.

실행기능에 기반한 유아 정서유능감 프로그램

조유진(2018)이 개발한 실행기능 기반 정서유능감 프로그램은 유아의 정서적 유능감을 증진시키는 데 목적을 두고 있다. 목표는 긍정적인 자아개념을 형성하고, 정서를 인식하고 이해하며, 정서조절능력을 증진하고, 정서를 표현하고 타인과 공유하며, 정서적 갈등을 해결하고 소통하는 능력을 함양하는 것이다. 실행기능 기반 유아 정서유능감 함양 프로그램의 교육내용은 정서인식 · 이해 · 수용, 정서조절, 정서표현의 3개 내용으로 범주화하였고, 내용범주별로 실행기능의 구성요인인 주의통제 · 지연, 인지적 유연성, 작업기억과 각각 연계하여 9개의 하위교육내용으로 구성되었으며 총 20차시의 활동으로 이루어져 있다. 교수-학습 단계는 도입 단계로 동기유발 및 탐색하기, 전개 단계로 주의집중하기, 정서인식 · 이해하기, 주의전환 · 대안적 사고하기, 기억재생하기, 정서조절하기, 정서표현 · 소통하기, 마무리 단계로 평가하기로 나뉘어져 있다. 본 프로그램은 정서 및 인지의 통합적인 발달과 관련하여 유아의 정서유능감에 상호적 영향을 미치는 실행기능의 역할과 중요성을 부각하여 유아들은 실행기능의 구성요인과 정서유능감의 구성요인을 중점적으로 경험할 수 있도록 구성되었다. 실행기능 기반 정서유능감 프로그램의 현장 적용 결과, 유아의 사회성, 언어능력, 정서-행동의 향상에 긍정적인 효과가 있는 것으로 밝혀졌다.

표 국내 · 외 유아 사회 · 정서 유능감 관련 프로그램

프로그램	교육 목표	교육 내용
Second Step (Committee for Children, 2002)	• 학습을 위한 기술 습득 • 공감능력의 발달 • 정서관리능력의 발달 • 사회적 문제해결능력 향상	• 자기조절 및 정서조절하기 • 사회적 조망수용능력 기르기 • 사회적 문제해결능력 기르기 • 공감하기 • 실행기능: 주의통제, 억제, 인지적 유연성, 작업기억
The Head Start REDI Program (Bierman, et al., 2008)	• 친사회적 행동의 발달 • 정서이해의 발달 • 자기조절의 발달 • 충동통제의 발달 • 언어 및 문해기술의 발달	• 친사회적 행동, 정서이해, 자기조절 • 언어 및 문해 기술 • 실행기능: 충동통제, 억제 · 지연, 주의전환, 작업기억
Incredible Years (Webster-Stratton & Reid, 2008)	• 정서이해능력 발달 • 분노조절능력의 발달 • 대인간 문제해결능력 발달	• 공감 훈련하기 • 정서적 언어 증진하기 • 타인의 정서 이해하기 • 정서변화에 대해 이해하기 • 대안적인 사고하기
GOALS (Betkowski, 2010)	• 사회적 학습능력 및 자기통제능력 획득 • 문제행동의 예방 • 사회적 · 학업적 성공 증진	• 실행기능: 주의집중, 주의전환 • 긍정적인 사회적 목표 수립 • 타인의 의도 이해, 자기조절 • 긍정적 문제해결
집단놀이치료를 활용한 유아 사회 · 정서적 유능감 프로그램 (하영례, 2009)	• 다양한 정서를 정확히 파악하고 이해하기 • 또래의 정서를 적절하게 표현하고 관심 공유하기 • 정서와 행동이 상황에 미치는 영향 고려하여 효과적인 정서 조절하기 • 사회적 지식 습득하기 • 사회적 기술 발달시키기	• 자기 및 또래 정서 인식하고 표현하기 • 자신 및 타인 정서 조절하기 • 행동 조절하기 • 또래관계기술 증진하기 • 또래 간 대처기술 증진하기

프로그램	교육 목표	교육 내용
감성역량 강화 프로그램 (서울특별시 유아교육진흥원, 2012)	• 자유로운 감정 표출 및 긍정적 감정 교류 경험하기 • 자연 속에서 심리적 안정감 느끼고 오감 일깨우기 • 나와 너의 소중함 알고 협력하여 문제해결하기	• 타인과 친밀감 형성하기 • 타인과의 관계에서 긍정적인 경험하기 • 내 마음 표현하기 • 친구 마음 생각해보기
인지놀이에 기반한 유아 정서·사회적 유능감 프로그램 (김성현, 2015)	• 긍정적 자아개념 증진 • 정서조절 및 통제능력 증진 • 사회적 기술 및 실천능력 증진 • 타인이해 및 조망능력 증진 • 대인 간 문제해결능력 증진	• 자아·정서 이해 • 자아·또래 집중/관심 • 긍정적 또래관계 • 대안적 사고하기 • 갈등해결 • 정확한 의도 판별 • 적용하기
실행기능에 기반한 유아 정서유능감 프로그램 (조유진, 2018)	• 긍정적 자아개념 형성 • 다양한 정서인식 및 이해 • 자기조절 경험을 통해 정서조절능력 증진 • 자유로운 정서표현 및 정서공유능력 증진 • 정서적 갈등해결 및 소통능력 함양	• 주의통제, 선택적 주의집중, 억제, 지연 등을 통한 정서인식 및 수용 • 인지적 전환을 통한 정서인식 및 이해 • 정서적 경험의 기억재생을 통한 자신과 타인의 정서인식 • 정서적 상황 이해, 주의통제·지연을 통한 정서조절 • 유연적 주의전환을 통한 대안책 모색 • 정서적 경험의 기억재생을 통한 정서조절 • 정서표현을 위한 주의통제 및 선택적 주의집중과 표현 • 인지적 유연성을 통한 정서표현과 대안적 정서표현 • 정서적 경험의 기억재생을 통한 정서표현

참고문헌

김성현 (2015). **인지놀이에 기반한 유아 정서 · 사회적 유능감 프로그램 개발 및 효과.** 중앙대학교 대학원 박사학위논문.

서울특별시유아교육진흥원 (2012). **유치원 누리과정내실화를 위한 감성역량 강화프로그램.** 서울: 서울특별시 유아교육진흥원.

조유진 (2018). **유아를 위한 실행기능 기반 정서유능감 함양 프로그램 개발 및 효과.** 중앙대학교 대학원 박사학위논문.

하영례 (2009). **집단놀이치료를 활용한 유아 사회정서적 유능감 프로그램 개발 및 효과.** 전남대학교 대학원 박사학위논문.

Betkowski, J. A. (2010). *Teaching self-control in early childhood: Classroom-based promotion of friendships, executive functioning, and positive social expectations.* University of Maryland, Baltimore County.

Bierman, K. L., Domitrovich, C. E., Nix, R. L., Gest, S. D., Welsh, J. A., Greenberg, M. T., ... & Gill, S. (2008). Promoting academic and social emotional school readiness: The Head Start REDI program. *Child development, 79*(6), 1802–1817.

Committee for Children (2002). *Second Step: A violence prevention curriculum: Preschool/kindergarten teacher's guide* (3rd ed.). Seattle, WA: Committee for Children.

Webster-Stratton, C. (1990). *The Incredible Years parent training program manual: Effective communication, anger management and problem-solving (ADVANCE)*. Seattle, WA: Incredible Years.

Webster-Stratton, C., & Reid, M. J. (2004). Strengthening social and emotional competence in young children—The foundation for early school readiness and success: Incredible years classroom social skills and problem-solving curriculum. *Infants & Young Children, 17*(2), 96–113.

Webster-Stratton, C., & Reid, M. J. (2008). Strengthening social and emotional competence in young children who are socioeconomically disadvantaged: Preschool and kindergarten school–based curricula. In W. H. Brown, S. L. Odom, & S. R. McConnell (Eds.), *Social competence of young children: risk, disability, and intervention* (pp.185–203). Baltimore, MD: Paul H. Brooks.

찾아보기

| 인명 |

| 내용 |

ㄱ

ㅂ

ㅅ

ㅇ

ㅈ

ㅊ

ㅌ

저자 약력

지 성 애

중앙대학교 유아교육과 졸업 및 동 대학원에서 유아교육 전공으로 문학석사 학위 취득 후, 미국 Boston College 대학원에서 유아교육 전공으로 교육학석사(M.Ed)와 철학박사(Ph.D) 학위를 받았다. 귀국 후, 전남대학교와 중앙대학교 유아교육과 교수로 재직하였고 재직 중 한국연구재단 등의 지원으로 유아의 사회정서유능감 관련 다수의 연구를 진행하고 발표한 바 있다. '영유아교원교육학회' 및 '사)한국유아교육학회' 회장, '한국연구재단전문위원'과 '중앙대학교 사범대학 부속유치원 원장' 등을 역임한 바 있으며 교수 정년 이후 현재 윤정유치원 이사장으로 재직하고 있다.

박 희 숙

전남대학교와 동 대학원에서 유아교육 전공으로 학사와 석사 및 박사 학위를 받았다. 한국연구재단의 '인지-정서 통합 교육 프로그램', '관계 중심 회복탄력성 교사교육 프로그램' 등의 연구를 수행하였고, 최근의 관심 분야는 '교사의 회복탄력성 관련 변인', '유아 실외 놀이터에서 유아 놀이', '유아의 실외 놀이터 구조 및 유형' 등이다. 현재 공주대학교 유아교육과 교수로 재직 중이다.

이 승 하

중앙대학교 유아교육과를 졸업한 후, 영국의 Oxford Brookes University에서 아동발달심리로 석사(MSc), Goldsmiths College, University of London의 심리학과에서 유아기 괴롭힘(bullying)을 주제로 철학박사(Ph.D.)를 받았다. 한국연구재단의 지원으로 '유아기 괴롭힘과 또래관계, 지배력', '유아기 괴롭힘 예방, 개입을 위한 다중체계지원 모형 및 프로그램 개발' 등을 수행하였다. 주요 관심사는 유아기 공격적 행동, 괴롭힘, 또래관계, 사회성/인성 교육 등으로, 이와 관련한 연구들을 진행해오고 있다. 현재 중앙대학교 유아교육과 조교수로 재직 중이다.

조 유 진

중앙대학교와 동 대학원에서 유아교육 전공으로 학사와 석사 및 박사 학위를 받았다. '실행기능'과 '사회적 유능감', '정서적 유능감'과 관련된 연구에 꾸준한 관심을 갖고 있으며, 유아중심의 교수법 관련 연구를 수행하였다. 중앙대학교 사범대학 부속유치원에서 교사와 원감으로 재직하면서 유아교육 현장에서 꾸준히 실천적 지식을 쌓아왔으며 현재는 성결대학교 유아교육과 조교수로 재직 중이다.

마음의 문을 열고 관계로 들어가는 아이: 사회 · 정서 유능감

1판 1쇄 인쇄 2020년 6월 25일
1판 1쇄 발행 2020년 6월 30일

지 은 이 | 지성애 박희숙 이승하 조유진
기 획 | 한국유아교육학회
발 행 인 | 박철용
발 행 처 | 양서원
주 소 | 경기도 파주시 직지길 522 파주출판도시
전 화 | 031-955-8000(代)
팩 스 | 031-955-8005
홈페이지 | www.yswpub.co.kr
이 메 일 | yswpub@chol.com
출판등록 | 1987년 11월 24일 제406-2003-037호

ISBN 978-89-994-1011-6

정가 15,000원